原點

日本小鎮時光

從尾道出發，繞行日本最愛的山城、海濱、小鎮

暢銷增訂版

張維中

離不開了，日本

許多年來，身邊的日本同事與朋友總會問我：「為什麼台灣人那麼愛來日本？難道都玩不膩嗎？」我便會以一種代言人的口吻，幫忙所有熱愛到日本旅行的台灣人回答他們：「因為大家都離不開日本了。」

確實很難會膩。一旦你來過日本旅遊以後，就會忍不住想舊地重遊。舊地重遊過後，又會興起去沒到過的地方探索。幾個大都會完成攻略了，接著等在你前方的，還有許許多多藏在大景點之間的山城、海濱與小鎮。

對我來說，日本之所以擁有源源不絕的魅力，正是除了主角般的大城市以外，還有更多配角似的小城市存在著。這些小城市、小鎮或小區域，雖然不如夜空中的月亮如此巨大耀眼，卻是熠熠閃爍的星星，從南到北，為這塊列島，點綴出無比的豐富性。

主流之外的地方，更貼近風土民情，讓人看見真實的日常生活。小鎮風情多半是靜謐的，是慢節奏的，於是你沿著時光的軌跡緩步，一邊享受遠離塵囂的自由自在，一邊也體會到日本的美好。有時候並不在於追求最潮最新，而是平凡卻使人回味無窮的點點滴滴。

這本書記載了四年多來，在我居住的東京之外，行旅日本期間，最愛的小鎮。從廣島出發，可能有你一直嚮往的尾道，也有你從未聽過的竹原和吳市。跨過瀨戶內海到訪愛媛大洲，北上前往愛知、群馬、栃木、富山、福井和東北。縱使是誰都知道的京都與大阪，這一回想帶你去的，也是少有觀光客出沒的街衢。

有如推開日本的另一道門，鑽進後花園，踏進地方小城。有值得散步或健行的路徑，有山中秘境的溫泉，有不過度綴飾的鄉土美食，也有文人騷客走過的文學場景。當然，最值得珍惜的，是小鎮時光裡每一樁人情的相遇。

於是，你將明白小鎮日本的秘密——去過這些地方，那裡就會是你最離不開的日本。

14
15
11
9.10

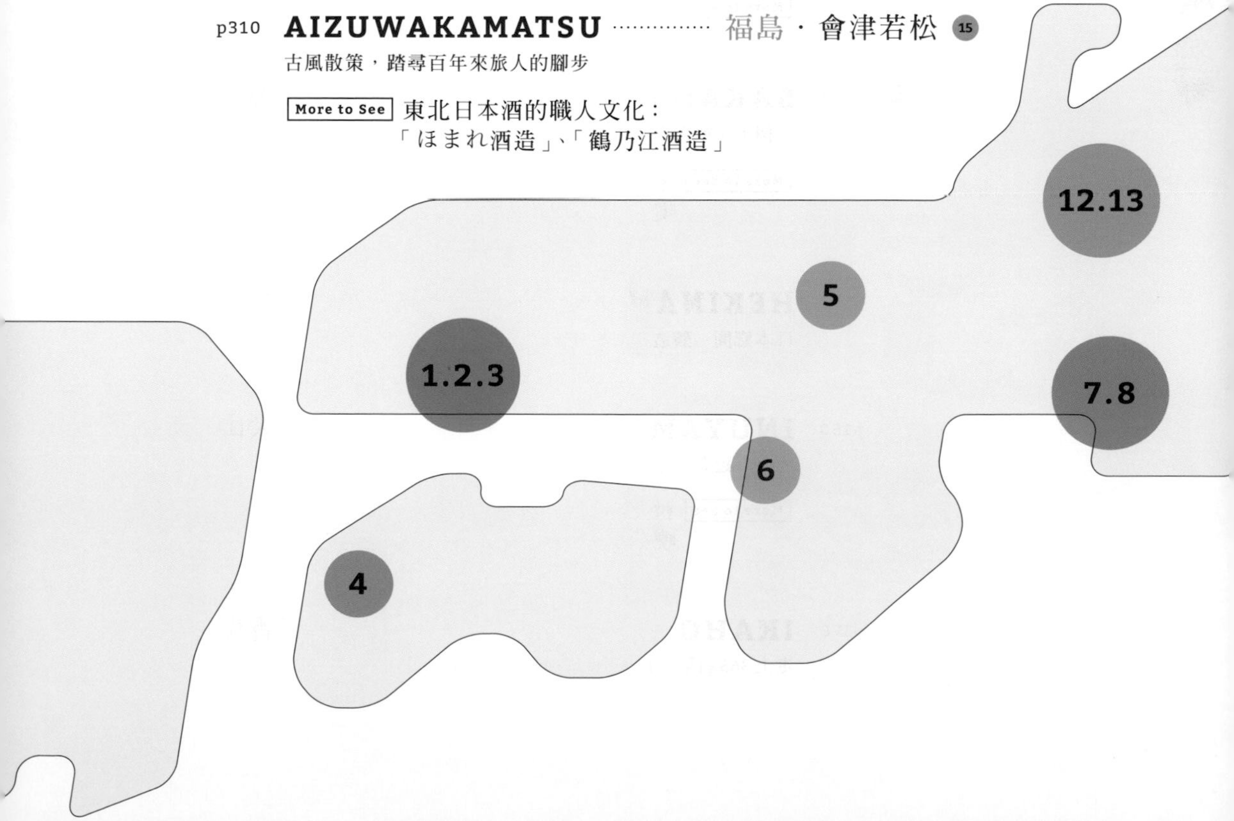
12.13
5
1.2.3
7.8
6
4

HIROSHIMA

ONO MICHI 尾道

廣 島 縣

去過了尾道 這裡就會是你最愛的廣島

鐵道、海、小鎮、廟宇、山林與海，每一項都相輔相成，像是有個無形的造景師伸出了一雙手，將這些元素精巧地排列組合，造就出讓尾道美麗起來的特徵。

おまちください
孔雀荘
珈琲

「火車駛過海邊，
被煤炭煙薰的小鎮屋頂
如燈籠般一列排開。」

point of
ONOMICHI

● 聚焦旅點：**陡坡小城**！宛如盆景的山城。

● 時光場景：**尾道商店街。**

● 在地美食：**尾道拉麵。**

● 電影場景：**《東京物語》、《穿越時空的少女》，《告白》**的湊佳苗。

● 自行車迷聖地：**ONOMICHI U2**，老倉庫新生命，尾道重生展活力！

● 番外篇：**Perfume「泣ける！広島県＼(T T)／」**聖地巡禮。

access

JR廣島站	約23分 新幹線	JR福山站	約19分 電車，山陽本線	JR尾道站

尾道市位於廣島縣的東南方，靠近瀨戶內海，地理上大約在廣島市和岡山市的正中央。日本明治時代曾經是交通要塞，隨著昭和時代的產業機能轉移，尾道市的繁華逐漸沒落。縱使如此，尾道卻並沒有被人遺忘。

素來有「文學之城」美譽的尾道，除了林芙美子以外，以《告白》聞名的小說家湊佳苗也生於尾道。藝術家平山郁夫也是尾道人。尾道同時也是一座「電影之城」，衆所皆知的大導小津安二郎的名作《東京物語》和大林宣彥的《穿越時空的少女》皆是以尾道作爲故事舞台。近年來，因爲尾道市和愛媛縣今治市之間的「瀨戶內島波海道」自行車步道開通，再次沐浴在旅人關注的目光中。

認識尾道，不得不引用林芙美子的文句：「火車駛過海邊，被煤炭煙薰的小鎭屋頂如燈籠般一列排開。千光寺的紅塔映入眼簾，和山林間清爽的嫩葉。綠色的海，對岸船塢的紅色帆船，桅桿伸向天際。我熱淚盈眶。」就在這短短的一句話裡，已把尾道的特色給一網打盡。

1 尾道商店街：活在昭和時空的店家們

尾道站前岔出兩條商店街，一條是「站前商店街」，另一條是「尾道本通」商店街。前者以幾家飲食店家爲主，其中賣尾道布丁的專賣店和車輪餅（大判燒）店家是較受歡迎的當地小吃。比較有看頭的，還是「尾道本通」商店街。

「看到海了。看見了海。睽違五年，尾道的海令人懷念。」一抵達尾道，在車站前商店街的入口，很容易就會看見一尊醒目的女子雕像。在雕像的基座上，刻著這樣的一段話，迎接到訪尾道的旅人，彷彿也暗喻著尾道是一座盈滿回憶的小鎮。

這尊雕像是日本著名的女流文學家林芙美子。她雖然不在尾道出生，少女時代在尾道生活，成人後回首寫下尾道的回憶廣爲流傳，遂成爲尾道文學的代表人物。雕像基座上的話，出自於她在《放浪記》中的句子，早已和尾道畫上了等號。整個尾道，在許多觀光勝地，這句名言不斷出現，像重播的老電影，畫面深烙我心。

一走進商店街就可以見到「林芙美子紀念館」在側。林芙美子一九〇三年生於北九州市，一九一六年十三歲時搬到尾道居住，直到一九二二年十九歲高中畢業後，跟戀人遠走高飛，來到東京。在新宿的「林芙美子紀念館」是她晚年的居所，而在尾道的「林芙美子紀念館」則是她在少女時代生活的故居，保留下來成爲文物資料展示館，同時也是尾道觀光資訊站。走到資料館的最後，推開門是一條狹窄的泥路，尾端的木造建築二樓，就是當年林芙美子曾住過的小空間。

INFO

林芙美子記念館

ADD 廣島縣尾道市土堂1-11-2

WEB www.facebook.com/Onomichi.Fumiko/

（右）「林芙美子紀念館」裡有文物資料展示館，同時也是尾道觀光資訊站。

(上) 站前商店街尾道布丁專賣店。
(左下) 站前商店街的大判燒成車輪餅店。
(右下)尾道車站前商店街入口，有一尊日本著名的女流文學家林芙美子雕像。尾道的「林芙美子紀念館」則是她在少女時代生活的故居。

INFO

MEXICO

ADD 廣島縣尾道市土堂 1-3-33
TIME 9:00-18:00

尾道浪漫珈琲 本店

ADD 廣島縣尾道市十四日元町 4-1
TIME 8:30-18:00
WEB www.roman-coffee.co.jp

AROUND

ADD 廣島縣尾道市土堂 1-18-12
TIME 週五、六、日、國定假日 11:00-17:00
週一、四 12:00-17:00 ／週二、三公休
WEB www.around-coffeestand.jp

「尾道本通」商店街，尾道人的日常

「尾道本通」商店街的店家看起來都老老舊舊的，但因此有一股時光停滯之感，彷彿踏進昭和年代早期的老電影場景。老派的店面裝潢和招牌設計，對於不是生在這個時代的我們來說，如今看來反倒有種新鮮感。其實我們眼中別有情調的風景，都還是尾道人日常的現在進行式。

商店街裡當然不缺老派的喫茶店，如創業超過六十多年的「MEXICO」走的是傳統喫茶店路線；由喫茶店起家，後來成爲廣島縣內的連鎖咖啡館，最出名的是「尾道浪漫咖啡」，在尾道車站前亦有分店。「尾道浪漫咖啡」創業於一九九四年，熱咖啡強調用虹吸式賽風壺沖成，店員會拿著賽風壺到座位面前爲你斟咖啡。至於近來新開的咖啡館，以「AROUND」街角咖啡館爲代表，則是年輕人下課後聚集的好去處。

商店街老派的店面裝潢跟招牌設計。

（右）創業超過六十多年的咖啡館「MEXICO」。
（左）由喫茶店起家，後來成為廣島縣內的連鎖咖啡館，最出名的是「尾道浪漫咖啡」。

大和湯
シャワラン
牛乳石鹸
シャワラン
牛乳石鹸

商店街裡有間外觀會以為是錢湯（大眾澡堂）的地方，正門口寫著大大的三個字「大和湯」，不過澡堂已成往事，如今改造成商店。以前開過選物店，現在變成餐廳，也許過不久又會換店家，但「大和湯」本身是不會變的，在外面拍拍照還是不錯。說真的，我寧願它還是一間有營業的澡堂。

「尾道帆布」則是當地知名的帆布品牌。店內就是製造工廠，標榜地產地銷的職人商品，價格算是親民，可在此選購小包作為伴手禮。

有一間叫做「長江」肉包店是尾道的知名老店，受當地人的長年青睞，很推薦一吃。光是豬肉饅頭也可以變化出許多口味，我最喜歡的還是基本款鹽味豬肉包。份量不大，吃完午餐也可以來買個嘗嘗。老闆年事已高，動作有點慢，請體諒！希望他保持健康，讓美味繼續。

其實尾道很小，值得逛的商店街就是這一條。雖然如此，住在尾道一晚的我，早晚來回走了幾趟，卻也不覺得厭倦。因為不同時間到來，便有不同的風情。可是如果你是抱著「逛街購物」的期待來到這條商店街，恐怕是會失望的。喜歡散步閒晃，欣賞老街風情，特別又是熱愛拍照的話，那麼我想這裡會滿足你，激發出你對日本日常生活的另外一種感想。

（右上）前身為錢湯的「大和湯」。
（下）尾道商店街。「尾道帆布」是當地知名的帆布品牌。
（左上）「長江」肉包店是在地人喜愛的知名老店。

INFO

大和湯

ADD 廣島縣尾道市土堂1-3-20

尾道帆布

ADD 廣島縣尾道市土堂2-1-16
TIME 10:00-17:45
WEB www.onomichihanpu.jp

2 鰻魚長屋旅店 Anago no Nedoko：廣島尾道的老屋新生計畫

廣島尾道曾是電影和文學之城，受到高齡化與人口外移影響，許多商家和住宅都呈現空宅化現象，不過近年來因有致力於城鎮更新的企業，以及一批熱心的年輕人進駐，逐漸重現曙光。例如位於商店街內的這間背包客旅館Anago no Nedoko（あなごのねどこ）就是在「尾道空屋再生計畫」的推行中，重新利用空宅賦予新生命的典範。

Anago no Nedoko店名「Anago」是鰻魚之意，這幢建築正是如同鰻魚條狀的長屋結構；而「Nedoko」的日文是「寢床」也就是寢室臥房。旅店從正面看來似乎是一間不怎麼寬敞的店面，但從入口穿越狹長的走道踏進後，意外地迎來豁然開朗的驚喜。

一樓是專賣咖哩飯的咖啡館Akubi Café，店內書櫃上放著許多世界各國的旅遊書籍；隔壁的榻榻米和室房是房客的公共交流空間。由於是長屋建築，幾乎只能同時容下一個人的促狹走廊，使人恍若置身迷宮。二樓是通鋪客房，中央區域則設有閱覽室。旅店的牆壁上請來創意家繪製插畫，讓這裡充滿著活潑的藝術感。

店長是個年輕時熱愛到海外自助旅行的女生，深感旅人需要便宜自在又安全的旅宿，因此回到故鄉將空屋再利用，開設這間旅店。老木屋改建的民宿，裝潢運用不少藝術家的作品與插畫，與這座藝術之城相互輝映，爲老鎮帶來嶄新生機。

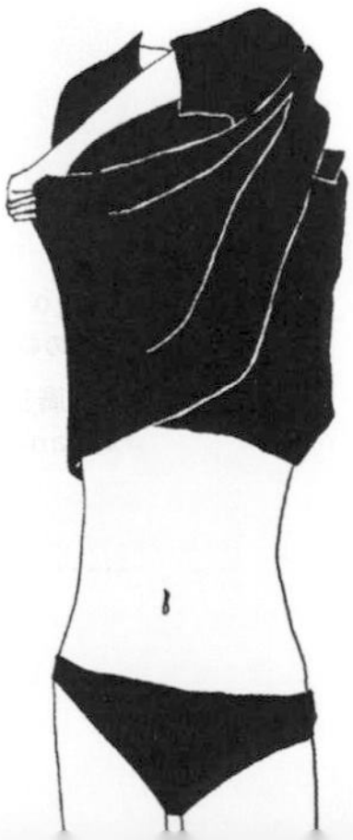

1 一樓是專賣咖哩飯的咖啡館Akubi Café。
2 背包客旅館 Anago no Nedoko，如同一座迷宮，暗藏了咖啡館、小書店、跳蚤市場，以及寢室。
3 這幢建築為長屋結構，店裡的走廊十分狹長。
4 二樓則是通鋪客房，中央區域則設有閱覽室。

LITTLE NOTE

「紙片」書店

旅店裡的跳蚤市場與書店

旅店裡除了咖啡館與旅宿，同時還隱藏著一個「路地裏」的迷你跳蚤市場，後院庭園，還藏著一間名為「紙片」的小書店。除了書籍以外，兼賣音樂CD和尾道土產。

跳蚤市場

INFO

Anago no Nedoko
あなごのねどこ
ADD 廣島縣尾道市土堂2-4-9
WEB anago.onomichisaisei.com

4

3 陡坡小城：在如同盆栽景緻的山城漫步

認識尾道的行走方式有兩種。一種是騎乘自行車到「瀨戶內島波海道」一覽海上風情，或只在小鎮內繞行，還能帶著單車搭乘渡輪，走跳其他小島。因爲尾道是一個對自行車騎士非常友善的城市，除了有專用車道以外，隨處也有可以安心寄放單車的地方。另一種方式，則是徒步前行，用雙腳慢慢感受這個小鎮，恰好符合著這裡充滿懷舊氣氛的慢步調氣質。

徒步不只閒晃平地，更要爬上山坡才行。唯有爬上尾道的山間小路，對我來說，才能算是見識到尾道眞正的美。

尾道最大的特色之一就是這裡有許多的名勝景點、傳統和風建築、神社寺院、住家民房，都集中在一片山坡上，被稱爲「陡坡小城」。

這些建築櫛比鱗次的散落在半山腰，靠著細長陡峭的石階坡道與綠蔭小巷，像串起珍珠似的被連結起來。從山上遠遠望去，簡直恍若一只盆栽，因此又被暱稱爲「盆景」，是日本少見的城市景致。而走在陡坡小城的石階上，視線越過綠樹，又能從各種角度鳥瞰到尾道市區和水道，每個轉角，隨意拿起相機一拍，即使不是攝影師，也都能拍出一張張無可替代的風景明信片。

前往陡坡小城的建議方式，是先從「千光寺」山腳下的「艮神社」，搭乘登山纜車上山，然後再徒步下山。

纜車山頂終點站的展望台可以俯瞰到整個尾道市區、港口、瀨戶內海尾道灣與尾道大橋，風景十足遼闊，頗治癒人心。展望台附近的「尾道市立美術館」，值得愛好藝術的旅人一訪。

「尾道市立美術館」(photo by 尾道觀光協會)

祭祀千手觀音菩薩的千光寺。

INFO

尾道市立美術館

ADD 廣島縣尾道市西土堂17-19
TIME 9:00-17:00(最後入館16:30)
WEB onomichi-museum.jp

（上）走在陡坡小城的石階上，鳥瞰尾道市區和水道。
（下）搭乘登山纜車上山，從展望台一覽尾道市區與港口，然後再徒步下山，用兩種截然不同的方式體驗尾道。

千光寺、貓之細道、艮神社，緩步山坡小路

山坡小徑的散步就從山頂起始。穿過「文學小路」，沿途會遇見林芙美子及其他文學大家的名言碑，最後抵達尾道的象徵，千光寺。

從千光寺往下拍攝的空景照片，雖與山頂展望台看見的角度差不多，但因爲比較靠近平地，因此更有立體感，早已成爲眾人對於尾道的第一印象。千光寺相傳開創於西元八〇六年，祭祀的是千手觀音菩薩，乃中國三十三觀音第十番札所。

順著千光寺拾階而下，可走千光寺道或千光

穿過「文學小路」，沿途會遇見林芙美子及其他文學大家的名言碑。

從望見「天寧寺」三重塔的高處拍照，早已成為宣傳尾道觀光的照片模式。

寺新道，途中，有一座「天寧寺」建於一三八八年的三重塔，是國家重要文物財。從附近望見三重塔的高處拍照，左下角入鏡半個三重塔，右邊則涵括尾道市區和河道，如此的構圖，早已成爲宣傳尾道觀光照片的標準模式。

在中村憲吉舊居附近有一座公園，看見聚集著許多的貓咪。原來讓尾道山坡小城聞名的另一個原因，就是此地聚集著許多的貓。從這裡經過天寧寺的三重塔，可以鑽進一條名爲「貓之細道」的小路。短短不到兩百公尺的彎曲山路，幸運的話，也許你會在此遇見更多的貓。就算沒遇到，小路裡藏了幾間咖啡館，有的是以貓爲主題的，小歇之際，也能滿足愛貓人士。

沿途下山的路上，都是絕好的景致，令人心曠神怡。最後回到纜車出發站「艮神社」。艮神社據稱是尾道歷史最悠久的神社，《穿越時空的少女》便曾在此取景。

陡坡小城裡本來有許多荒廢的老建築，這幾年由於ONOMICHI U2帶動觀光人潮，有不少年輕人也決定回到這裡創業。他們租下這些老建築，重新裝潢改造，變成一間間小咖啡館、果醬店、小餐廳、民宿或個人工作室，某個轉彎，可能就冒出一間小店，替散步的沿路上增添了許多的小驚喜。

• LITTLE NOTE •

如何搭乘纜車

從尾道車站出發，與「尾道本通」商店街平行，沿著鐵路線前進，約步行十五分鐘左右，即可抵達艮神社旁的「千光寺登山纜車」纜車站。

前往陡坡小城，得從「艮神社」搭乘登山纜車。

INFO

千光寺登山纜車

ADD 廣島縣尾道市長江 1-3-3

TIME 9:00-17:15

（每間隔 15 分鐘一班）

WEB onomichibus.jp/ropeway/

1 經過天寧寺的三重塔，可以鑽進一條名為「貓之細道」的小路。 **2** 陡坡小城有不少年輕人租下這些老建築，裝潢改造成一間間特色小店。 **3** 櫛比鱗次的房舍、細長陡峭的石階坡，是尾道山城的特色。

4 ONOMICHI U2：倉庫改造的自行車旅店、咖啡館與選物店

由於人口外移和少子化原因，尾道面臨著傳統產業技能的流失和街區老化。在這樣的窘境中，有一間公司名爲「DISCOVERLINK Setouchi」（DLS）以振興廣島縣尾道市地域爲宗旨，在這裡推行傳統產業的新生與老屋改建計畫。

DLS在尾道的港邊改造了一幢原本廢棄的海運倉庫「縣營上屋2號」而成爲全新的商業複合設施。二〇一四年三月開幕的「ONOMICHI U2」（ONOMICHI即是尾道的拼音）是一處以「瀨戶內島波海道」觀光爲基礎，延伸出來的老屋新生設施。DLS在此規劃出一處結合休憩站、旅店、餐飲店和選物店的據點，不僅提供來到此地的自行車愛好者一處休息處，更爲尾道小鎮注入了新活力，吸引著即使並非自行車迷，也爲此慕名專程而來的旅人。

ONOMICHI U2的空間改造十分專業，委託了SUPPOSE DESIGN OFFICE建築設計事務，一九七四年次廣島出身的建築家谷尻誠所操刀。設施內包含了旅店HOTEL CYCLE、餐

館The Restaurant、咖啡館Yard Café、小酒吧KOG BAR、麵包坊Butti Bakery、捷安特自行車店、生活選物店及瀨戶內海物產店SHIMA SHOP區塊。

其中，旅店HOTEL CYCLE還提供讓民眾直接攜帶自行車入住客房的服務。對於攜帶昂貴自行車前來的人士，因此能夠感到安心。HOTEL CYCLE的房型設計偏紐約布魯克林工業風，俐落極簡的設計，加上善用黑白色調創造穿透感，讓客房在低調中亦能凸顯高雅。

HOTEL CYCLE的設計偏紐約布魯克林工業風，可讓民眾直接攜帶自行車入住客房。

這裡是以「瀨戶內島波海道」觀光為基礎，延伸出來的老屋新生設施。
（Photo by DLS）

若在自行車方面有任何需要專業的維修或咨詢，一旁來自台灣的品牌「捷安特」自行車專門店可隨時提供服務。餐飲空間和雜貨店，均以當地的食材、手工藝特質爲發想，希望透過飲食或藝品，傳遞尾道和瀨戶內海的魅力。

不定期舉辦配合時節的市集活動的廣場平台ONOMICHI TERRACE位於建築戶外，讓遠道而來的民眾，充分感受這片鄉土的時令風情。

另外也推薦ONOMICHI U2推出的「ONE DAYS」原創品牌。以自行車相關商品爲發想，推出有衣物、背包和水壺等產品。我對其中的保溫瓶一見鍾情，住宿在ONOMICHI U2的這一晚，就立刻買下成爲囊中物了。瓶身上寫著「Sometimes be cool. Sometimes got hot.」說的是保溫保冷的用途，其實也是一句生活中有必要學著轉換狀態的箴言。

「ONE DAYS」
原創品牌的保溫瓶。

戶外廣場ONOMICHI TERRACE，
不定期會舉辦市集活動。
（Photo by DLS）

• LITTLE NOTE •

DENIM PROJECT

尾道工作人的「丹寧計畫」

在SHIMA SHOP選物店中，特別值得一提的是這裡販售的牛仔褲。這些牛仔褲是DLS推行的一項「丹寧計畫」(DENIM PROJECT)，希望藉此推廣尾道的高品質丹寧布(DENIM)。「丹寧計畫」簡單來說是讓在尾道生活工作的人，穿過一年的丹寧褲，成為販售的二手衣，刻意製造出一種帶著「時光感」的二手褲。二手的質感並非機械加工，而是帶有人的溫度，也可說是一種行動藝術創作的概念。

INFO

ONOMICHI U2

ADD 廣島縣尾道市西御所町5-11

TIME 營業時間各店不一(請參考官網)

WEB www.onomichi-u2.com

(上)台灣品牌「捷安特」自行車專門店，也在此地隨時提供服務；(中)麵包坊Butti Bakery；(下)選物店SHIMA SHOP，特別推薦尾道紅茶。

5 尾道拉麵喰海：在地人熱愛的小店

說起廣島美食，除了廣島燒以外，尾道拉麵也是在必列清單之中。尾道的拉麵店很多，光是商店街裡就有數十間吧，自然是各有特色。哪間最好，這當然沒個準，反正基本上都有一定的水準。

我選擇的是這家不在商店街內，而是距離車站有一小段路，緊鄰海港渡口的「喰海」拉麵店。這間或許不是旅遊書上最熱門的拉麵店，但卻是受到在地人熱愛的小店。以醬油口味爲基底的尾道拉麵，「喰海」用魚乾和雞骨熬煮，乳豬背肉的油脂增添甘味，同時採用有韌度的細麵，讓這一碗尾道拉麵吃起來別有風味。

到「喰海」來吃尾道拉麵時，請選擇店家最後面一排靠窗的座位。因爲可以面對海港，讓你吃一口拉麵，就搭配一眼窗外的海天一色。吃完以後，或許會讓你留下一句：「看到海了。看見了海。尾道的拉麵令人懷念。」然後明白，眞正使人幸福的美食，是在喜歡的地方，吃到難忘的道地美味。

INFO

喰海

ADD 廣島縣尾道市土堂町1-12-11
TIME 10:00-21:00／週三公休
WEB www.kuukaira-men.com/user_data/about.php

（右）緊鄰海港渡口的「喰海」拉麵店，是當地人熱愛的小店；（上）「喰海」的拉麵，以醬油口味為基底，用魚乾和雞骨熬煮，乳豬背肉的油脂增添甘味。

多看一點點

More to See

Perfume聖地巡禮

一茶尾道燒

一茶

●**ADD** 廣島県尾道市向島町5534 ●**TIME** 11:00-19:00／週四公休

尾道除了內陸山城外，還包括海上共約十七座小島，

其中向島是自行車迷熱愛的地點。

尾道給人的印象是臨海的山城，其實尾道分成兩大區域，除了連著內陸的山城外，還包括海上共約十七座小島。十七座島！不可思議吧？總以爲尾道只是個小鎮，沒想到居然還環擁了這麼多島嶼。這些小島落在瀨戶內海，由自行車迷熱愛且熟知的「島波海道」（しまなみ海道）串連起來，通向愛媛縣今治市。

其中最靠近內陸的是向島。如果不是自行車迷，來到尾道通常大概不會特別跑去對岸的向島。而我則是早在一底定尾道旅程時，就已決定要去向島。但原因不是自行車，而是追星。喜歡的Perfume女團三位成員出身於廣島縣，幾年前受當地政府之邀，拍攝了《泣ける！広島県／（T T）＼》觀光刊物的特輯。其中一部分照片的拍攝舞臺取在尾道，而登上封面的照片，是一間名爲「一茶」的御好燒（お好み焼き）小店，就在向島。自從那本刊物問世後，原本默默無名的「一茶」頓時躍升爲Perfume粉絲們的朝聖地。

去向島搭船的地方，在尾道車站後面的向島渡船口。從尾道站前來往向島的人很多，因此渡船的班次也頻繁，在尖峰時間每五分鐘，離峰時間每十分鐘就有一班，非常方便。而且因爲實在太近了，航程距離大約也只要五分鐘而已。

目的地「一茶」不在港口邊，大約得步行十分鐘，藏在一間住宅區的小巷內。抵達的這一天是平日午後，已過用餐時分，所幸店家仍有營業。

因為Perfume來訪拍攝，而讓一茶成為日本知名的小店。

老闆娘一邊炒御好燒，一邊就分享Perfume來這裡的各種軼事。

踏進店裡只有我一個客人，老闆娘依然笑容滿面地熱情待客。大概我一臉就被看出是來「聖地巡禮」的吧，老闆娘嫻熟地推薦我菜單上的「特製」御好燒，說Perfume那天來拍攝時，依照她們的口味習慣而調整，吃的就是這款。

所謂的「尾道燒」算是「廣島燒」流派中的特別版本，也有人稱爲是「尾道風御好燒」，特徵是會在食材裡加上砂肝（雞胗）與烏賊。但「一茶」賣的尾道燒卻不加砂肝，而是以細切的紅蘿蔔絲取代，更合我的胃口。

老闆娘奧迫洋子女士是個好開朗的婆婆，相當明瞭粉絲到此一遊的心境，於是一邊炒御好燒，一邊就主動開始分享Perfume當初來這裡的各種軼事。她眉飛色舞地向我重述（應該講過不下百回吧，竟還能保持如此的高昂情緒，也是一種專業），事前爲了怕閒雜人等，於是保密到家，她只知道有人要來拍照，但問是誰要來，怎麼樣也不透露。直到攝影當天，約定時間的前十幾分鐘，才告訴老闆娘，要來的是Perfume三人。妙的是，其實年邁的老闆娘根本也不知道她們是誰（笑）。刊物發行後，突然間客人暴增，不只日本的粉絲，還有來自海外各地，她才總算感受到Perfume的存在感。起初爲了進店裡，排隊排上一小時也不足爲奇。

在那之後，老闆娘特別爲到訪的粉絲們，在店內闢出一面牆和一個角落，放置Perfume演唱會的周邊商品。這些物件全是由熱情的粉絲們提供，只要一有新的

老闆娘特別在店內闢出一面牆和一個角落，放置Perfume演唱會的周邊商品。

巡迴演唱會開始，就會更新展示內容，簡直變成一座Perfume博物館，粉絲的動力，令人讚嘆。

老闆娘說，她足不出戶，但沒想到這輩子竟然因爲Perfume而讓日本各地與全世界的人都聚在這裡。小店出名了當然讓她高興，但更令她感到珍貴的，是因此認識了很多人，滋生許多的故事。兩、三年過去了，到現在還有海外粉絲寫信給她。

吃完御好燒，要離開前，老闆娘問我喜歡Perfume裡的哪一位成員？我回答她後，她便要我坐在某張椅子上，再站在門口暖簾的某個位置，堅持要替我拍照。「這就是她那一天坐的地方和站的角度喔！來，笑一個！」御好燒老闆娘瞬間變身有模有樣的導演，還示範擺出可愛的姿勢。

粉絲效益的力量眞大。不只帶來人潮，或許，也激起了一位老婆婆自己也未曾發現的少女心。

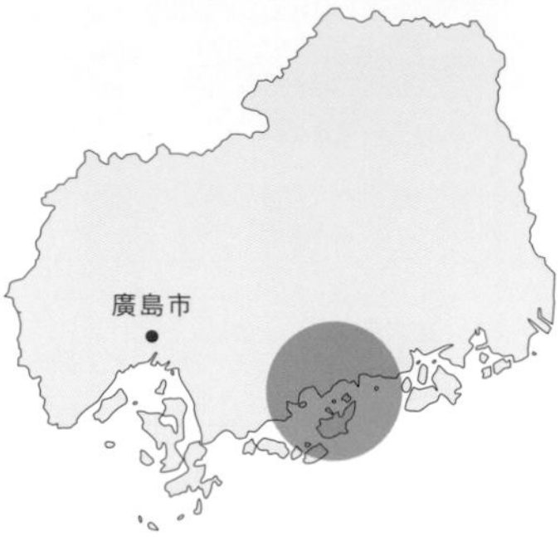

HIROSHIMA

TAKE HARA
竹原

廣 島 縣

三百年前的時光老街
在瀨戶內海閃耀

踏進竹原老街保存區，恍若瞬間穿越時光隧道。百年來的老建築，沒有經過改建，原封不動，安安穩穩的保存在這裡。那些建築一幢幢佇立著，替沉默的時光更迭，人生的潮起潮落，做出輪迴的見證。

1 竹原老街：廣島的小京都

竹原在江戶時代後期，是一座以生產鹽和酒而繁盛的都市。那時候因爲當地的商業興隆，故住在此地的人不乏富豪商家。例如NHK的熱門晨間劇《阿政與愛莉》（マッサン）的竹鶴酒造，正是位於竹原老街內。豪商齊聚，最直接的影響，除了創造了許多知名日本酒老舖品牌以外，更重要的便是建設了不少氣派的日式傳統建築，留存迄今，成爲日本文化的重要資產。

竹原老街保存區在市區內，距離竹原車站徒步只需十五分即可抵達。這一區的日式老屋，都是從江戶時代就被存留下來的老建築，佔地廣大，歷經三百五十多年後仍保存完好，令人震撼。

若說曾著迷於京都祇園一帶的日式風情町家老屋，那麼得告訴你，請絕對必須來一趟竹原。竹原老街的規模，遠比祇園保存下來的屋舍多了好幾倍。二〇〇〇年竹原老街獲得日本國土交通省選爲「都市景觀一百選」，被暱稱爲廣島的小京都，或安藝的小京都。

最難得可貴的是，如今老街中大多數聚集的都是民宅，商業色彩極淡。所以請別抱著來逛商店街的預想來這裡。因爲在這裡，你最大的收穫就是漫步在江戶建築圍起來的街衢中，感受老時光裡滋生新生活的日常感。

INFO

竹原老街
（竹原町並み保存地区）
ADD 廣島縣竹原市本町３丁目

（上）竹原在江戶時代後期，是一座以產鹽和酒而繁盛的都市。
（下）竹原老街的日式老屋，都是從江戶時代就被存留下來的老建築，佔地廣大，歷經三百五十多年後仍保存完好。

日の丸
坂田時計店

在西方寺攀完陡長的階梯，登上號稱模擬京都清水寺建築技法的高台普明閣，就可換得鳥瞰到整個竹原美景的代價。

「舊笠井邸」與「高台普明閣」攝影取景最佳地點

回到竹原老街，其實在抵達竹鶴酒造以前，在保存區的入口處，會先遇見一棟值得駐足，名爲「舊笠井邸」的建築。這裡是過去經營鹽田的人家在明治五年建築的樓房。從室外的屋簷瓦片，到室內的屋頂梁柱，在在可見氣派又不失纖細的設計。此處開放入場，從二樓的圍欄邊，可眺望綿延的老街，是攝影取景的熱門景點。每逢四月底，舊笠井邸會舉辦「御雛樣」的人偶裝飾展，偶爾也會舉辦演奏會等活動。

西方寺的普明閣與地藏尊，亦是老街中不容錯過的景點。前者攀完陡長的階梯，或許已覺得氣喘吁吁，可只要再努力一下，登上號稱模擬京都清水寺建築技法的高台普明閣，就可換得鳥瞰到整個竹原美景的代價。後者則號稱是只要能將沉甸甸的地藏王抱起來，那麼默許的心願就能有求必應。一個擁抱換一個願望，原來，神明也會有愛討溫暖的撒嬌。

踏進竹原老街保存區，恍若瞬間穿越時光隧道，回到江戶年代。百年來的老建築，沒有經過改建，原封不動，安安穩穩的保存在這裡。那些建築一幢幢佇立著，彷彿替沉默的時光更迭，人生的潮起潮落，做出輪迴的見證。

「舊笠井邸」從室外的屋簷瓦片，到室內的屋頂梁柱，在在可見氣派又不失纖細的設計。從二樓的圍欄邊，可眺望綿延的老街。

只要能將西方寺沉甸甸的地藏王抱起來，那麼默許的心願就能有求必應。

2 大久野島：瀨戶內海 可愛到爆棚的兔子島

近來竹原最受媒體關注的，就是這座在瀨戶內海上暱稱爲「兔子島」的大久野島了。大久野島上號稱豢養了數百隻的兔子，全是野生放牧，自由自在的在整座島上跳來跳去。

這肯定是我這輩子，直到目前爲止，第一次看到這麼多兔子聚集的場面。兔子是島上的主人，所以完全沒在怕人，成群結隊的氣勢相當驚人。只要一蹲下來，兔子們就以爲你帶來食物了，全部一轟而上包圍過來。就算再沒有人緣的人，也會發現原來至少自己很有兔子緣，對生命又會充滿了希望吧（笑）。

若想買紀念品，除了大久野島上唯一的一間飯店內有賣以外，就沒有其他任何店家了。但個人覺得飯店內的紀念品誠意不太夠，所以想買兔子的紀念品，就請到忠海港碼頭售船票旁的商家。商家內附設小咖啡座，平日午後遊客少，坐在這裡迎著陽光海風小憩一番，感覺很不錯。販售的霜淇淋也受到不少人的歡迎。

INFO

忠海港

ADD 廣島縣竹原市忠海中町 1-2-1
TIME 7:00-19:45

• LITTLE NOTE •

如何往返兔子島

從「忠海港」搭渡輪，約十五分鐘左右即可抵達大久野島，要提醒的是，請特別留意往返忠海港和兔子島之間的渡輪時間。忠海港最早一班船是早上七點四十分，最後一班是晚上六點四十分。從大久野島回來的渡輪，最後一班是晚上七點十五分。詳細時間可能有變動，從忠海港出發前，請詳加確認。官網：http://rabbit-island.info/

（右）只要一蹲下來，兔子們就全部一轟而上包圍過來。就算再沒有人緣的人，也會發現原來至少自己很有兔子緣。

（左上）從「忠海港」搭渡輪可即可抵達兔子島大久野島。

（左下）想買兔子的紀念品，就請到忠海港碼頭售船票旁的商家。商家內附設小咖啡座。

瀬戸内海国立公園
Setonaikai National Park
環境省
大久野島
Okuno-jima Island

大久野島上的兔子全是野生放牧，自由自在的在整座島上跳來跳去。

3 西野農家餐廳：體驗廣島媽媽的溫暖手感

廣島的美食眞不少，除了牡蠣和廣島燒以外，還有更多値得探勘的美味。特地來到此地，請務必要尋訪美味的鄉土料理。尤其是使用自產自銷食材的農家餐廳，那麼更是不能錯過了。

在竹原市的吉名町，若想品嘗道地的鄉土料理，極爲推薦的是一間名爲「西野農家餐廳」的地方。這間餐廳利用的正是竹原日式木造老屋改建而成的空間，從外觀看起來就像是一般民宅，若沒有在門前掛上營業用的燈籠，恐怕也是錯過。

竹原豆皿瓷盤，一個只要十圓！

推開門，踏進室內，首先是寬闊的玄關，如今用來作爲收銀台和雜貨展售的地方。這裡的雜貨多以廣島當地的特色和風小物爲主，包括竹原的手工竹藝品。除此之外，還有當地生產的醬油或調味料的銷售。最吸睛的，莫過於發現了一疊豆皿瓷盤。以爲是看錯了呢，但確實每

（上）「西野農家餐廳」從外觀看起來就像是一般民宅，若沒有在門前掛上營業用的燈籠，恐怕也是錯過。
（下）拖鞋登上的榻榻米空間，就是用餐的地方，空間比想像中更為寬廣。

一個豆皿，居然只要日幣十圓！沒搞錯吧？日幣十圓喔，就是台幣三塊都不到耶！這些瓷盤，其實是以前這幢古民家住戶留下來的東西。雖然是二手貨，但每個都保存得很好，花樣也非常優雅。

拖鞋登上的榻榻米空間，在推門背後，就是用餐的地方。比想像中更爲寬廣的空間，可以容納不少客人，特別適合多人數的家族旅行。

「西野農家餐廳」標榜使用當地產的食材，包括季節蔬菜、米和味噌等，都強調全部出自於自家製的有機栽培，而海鮮則是從瀨戶內海捕獲的天然美味。除了好吃以外，店家也希望做到營養值滿分的菜單。

「西野農家餐廳」標榜使用當地產的食材，包括季節蔬菜、米和味噌等，都強調全部出自於自家製的有機栽培。

吉名馬鈴薯，味道甘美請盡情品嘗

最推薦的是馬鈴薯可樂餅套餐和咖哩飯。尤其是可樂餅套餐會搭配許多小菜，一次就能品嘗到在地甘美的蔬菜。至於爲何是馬鈴薯呢？原來是因爲廣島縣竹原市吉名町，在過去曾是全日本最出名的馬鈴薯產地之一。比起其他產地的馬鈴薯來說，吉名馬鈴薯口感更爲甘甜，因此即使不沾可樂餅醬汁，吃起來也很夠味。每逢週末限定會有吃到飽自助餐，一盤盤隨你吃的配菜，有如京料理盆菜那樣琳瑯滿目。每人日幣一千五百圓，廣受附近民眾的歡迎。

最特別的一點，在西野農家餐廳裡，從廚師到服務生，全都是上了年紀的媽媽們。原本就擅長烹飪的媽媽們所開的餐廳，手藝自然毋需懷疑。百分之百手工製作，加上溫暖的笑容，讓旅人們從廣島媽媽的溫暖手感中，去體驗到的不僅僅是美味的鄉土料理，也是正宗的日本家庭料理。

每一個豆皿居然只要日幣十圓！

INFO

西野農家餐廳
（農家レストラン西野）
ADD 廣島縣竹原市吉名町2474
吉名站徒步20分、計程車5分
TIME 週六、日 11:00-14:00
（平日只接受團體預約）
WEB www.nouka2474.com

Y51
バス

4 瀨戶內海．大芝島 Y51 by the sea：讓人想無所事事住上一季的旅店

竹原市的隔壁是東廣島市，在安藝津町內有一座名爲大芝島的島嶼，目前島上住民人口只有約一百七十人左右。就在這個小島上出現了一幢獨棟民宿，名爲Y51 by the sea，對於想要嘗試投宿在瀨戶內海小島上的旅人來說，是另一個不錯的新選擇。

入住大芝島的小島獨棟民宿Y51 by the sea，到瀨戶內海小島享受一段寧靜時光。

兩層樓的房子，一樓有客廳、廚房、飯廳和浴室，二樓有三間客房，有兩間分別可睡三人，一間兩人，所以整棟屋子可同時容納共八人。個人旅行可能不太合適，因此這裡特別適合的是團體旅行。無論是家族旅行，或是好朋友的結伴同行，大家可以住在同一個地方，而且還有廚房可以自行料理餐點，會是很難得的經驗。

Y51 by the sea從外觀到內裝都有著極簡風格的設計感，設備與消耗備品的選擇相當講究，整體來說是很有質感的民宿。當然最奢侈的部分，莫過於落地窗外對望的瀨戶內海了。

留宿在此，會讓人想要無所事事的，住上一整個季節。日光帶著微風，從海上走來問候。當你打開窗子迎接之際，請別忘記也敞開心房。

INFO

Y51 by the sea

ADD 廣島縣東廣島市
安藝津町風早761-3
JR吳縣風早站
搭乘計程車約10分鐘

WEB y51.jp

（右）舒適的小房間，有的還有閣樓房。
（上）這裡特別適合的是團體旅行，而且還有廚房可以自行料理餐點。

5 瀨戶內海．大崎上島：帶著自行車搭渡輪玩小島

瀨戶內海上有許多小島，除了前述的大芝島以外，這次還拜訪了大崎上島。從竹原出發，來到大崎上島，這座島嶼沒有橋樑連結，若要到訪，就得搭船前來。聽起來似乎交通不便，但因爲風光明媚，始終吸引著許多人從各地前來。大崎上島是個很適合騎單車旅遊的地方。如果你有自行車，可以帶著車搭渡輪上島，若沒有，也可以來到島上租借。

很多人到大崎上島其實是純粹過夜渡假的。挑一間喜歡的好旅店，帶著一點點和城市拉開距離，但又沒眞的那麼與世隔絕的心情來到此地，什麼都不做也好，純粹放空。

大崎島上的清風館所有的客房都是海景房，景觀絕佳。

1 打造大和號戰艦的故鄉：吳市海事歷史科學館

吳市曾號稱爲「東洋第一軍港」，現在爲日本海上自衛隊的主要基地，經過港口時，可以看見不少船艦停靠在此。來到吳市可以參觀知名的「大和博物館（吳市海事歷史科學館）」。

吳市是打造大和號戰艦的故鄉。一九三七年在保密中，日本海軍在吳市港的海軍工廠船塢內，打造了當時據稱是世界規模最大的戰艦，並在一九四〇年八月下水。一九四五年四月七日，「大和艦」遭受美軍特遣艦隊的攻擊，在坊之岬海戰中擊沉。大和戰艦至今仍沉沒在海底。

博物館內介紹吳市身爲軍港身分，以及與海軍淵源的歷史，包含日本的造船及科學技術。重頭戲當然就是曾是世界上最大的「大和號戰艦」相關文件與展示。館內有大和號的十分之一模型。雖然僅有十分之一，也很壯觀，站在模型面前，也能令人想像到眞正的船艦肯定是魄力十足。另外，在大型資料展示室中還有零式艦上戰鬥機、人間魚雷「回天」等實物陳列。

INFO

大和博物館（吳市海事歷史科學館）

ADD 廣島縣吳市寶町5-20

TIME 9:00-18:00（最後入館17:30）
週二公休（逢假日則為翌日）
4/29-5/5日、7/21-8/31日、
12/29-1/3日無休

WEB yamato-museum.com

館內有大和號的十分之一模型。雖然僅有十分之一，也很壯觀。

博物館內介紹吳市身為軍港身分，以及與海軍淵源的歷史，包含日本的造船及科學技術。

©CLAYTON BAY HOTEL、吳市觀光振興課、吳市海事歷史科學館

INFO

御手洗老街保存區

ADD 從JR吳站轉乘巴士
到御手洗或從竹原港
搭船至御手洗

2 大崎下島・豐町：御手洗老街保存區

吳市最令人驚豔的一個地方，應該是位於外島。在大崎下島東邊有一個叫做「御手洗」的地方是一處老街保存區。江戶時代這裡曾是船隻爲了等待退潮，或因風向變化改變而暫時停泊的地方，因爲人潮聚集而曾繁榮一時，如今繁華褪去，回歸成一個安靜的島上港鎮。

（右）喜歡在日式老建築群中散步的旅人，或者熱愛拍照的朋友，相信會對這一帶流連忘返。
（下）江戶時代「御手洗」曾因為人潮聚集而曾繁榮一時，如今繁華褪去，回歸成一個安靜的島上港鎮。

4 瀨戶內國立公園・野呂山：眺望瀨戶內海小島的秘密基地

瀨戶內國立公園・野呂山標高八百公尺，這裡是當地人才知道的秘境，可以從山上一眼眺望到瀨戶內海最多小島的秘密基地。

在山上有一座「國民宿舍野呂高原LODGE」提供餐廳和住宿。此地的交通比較不便，除了旅館的接駁巴士以外，沒有其他大眾運輸工具。不過如果你是想要避開人潮，享受住在廣島大自然深山一晚的話，倒是非常推薦，待上一晚，就可以欣賞到美麗的星空夜景了。

（上）野呂山位於瀨戶內國立公園中。
（下）從野呂山可以一眼眺望到瀨戶內海最多小島。

INFO

瀨戶內國立公園・野呂山
國民宿舍野呂高原LODGE
TEL (0823)87-2390
FAX (0823)87-2391
mail noroyado@c.do-up.com
WEB www.norosan.or.jp

• LITTLE NOTE •

前往野呂山交通住宿

前往野呂山可從JR安芸川尻站，搭乘國民宿舍野呂高原LODGE的免費定期接駁巴士，約二十分鐘即可抵達，但巴士需事前預約。若想預訂住宿，可參考官網的客房套餐介紹。目前只有日文。可寫email（英日文）訂房。

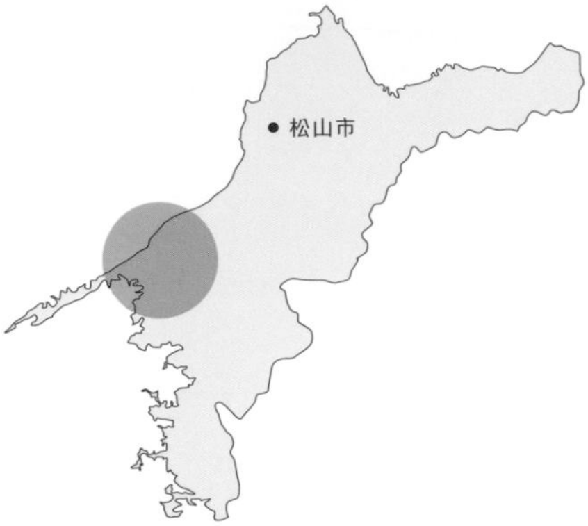

EHIME

OZU
大洲

愛媛縣

和坂本龍馬山林健行
隨莉香腳步領略小鎮風情

大洲不只有坂本龍馬的「脫藩之道」可以滿足熱愛戶外健行的旅人，這裡對資深日劇迷來說更是重要的地方，因爲這裡是《東京愛情故事》關鍵橋段的故事場景。

3 臥龍山莊：融合天然地景的「日本近代建築百選」

在大洲的景點之中，我最偏愛的是「臥龍山莊」。被票選爲「日本近代建築百選」的臥龍山莊，可說是脫胎於中國庭園的藝術，並加以昇華成日式的傳統風格。利用天然地景的特色，加以增添木造建築及人工石庭，讓自然與人爲合而爲一，卻毫不顯露斧鑿痕跡。

這座庭園最初的雛形建設於一五九五年，到幕府末年爲止，一直都是藩主休憩的行館。明治維新後荒廢，直到一八八七年左右，才由當時富商河內寅次郎重建作爲別墅，並重修景觀庭園。占地三千坪，豪氣十足。

臥龍山莊內的「臥龍院」與「不老庵」是兩大主要建築。臥龍院聘請的建築家，如中野寅雄，皆是當時知名的設計師，而負責施工的則是來自京都和大洲的木工職人。參考京都桂離宮、修學院離宮等建築，找來專門的茶室建築家爲顧問，屋內所有裝潢細節擺設，都出自於受人肯定的工匠。不少廂房房內的裝飾，隨處隱藏著職人的建築技術與巧思。利用光影投射和視覺借位，連小角落也充滿趣味。在低調含蓄的隱露之間，展現的不僅是日本建築的風雅美學，還有民族的性格。

不老庵建於懸崖上，視野極佳，可遠眺對岸的蓬萊山。往日，每逢中秋佳節，這裡就是賞月的絕佳景點。原因是月亮會從不老庵上方的正中央夜空走過，而河面月光會反射到不老庵的天花板，通過弓形網狀的竹編天花板，搖曳的月光就會映射到牆壁與地面上。

大自然的一切，就是室內設計的最佳裝飾。建築如何與自然環境達到相容和互動，百年前的人們，或許懂得比我們更多。

INFO

臥龍山莊
ADD 愛媛縣大洲市大洲 411-2
TIME 9:00-17:00／全年無休
WEB www.garyusanso.jp/

不老庵建於懸崖上，視野極佳，可遠眺對岸的蓬萊山。

（上）臥龍山莊被票選為「日本近代建築百選」；（右下）不老庵是賞月的絕佳景點；（左中）不老庵弓形網狀的竹編天花板，讓月光映射到牆壁與地面上；（下）臥龍院聘請的建築家，皆是當時知名的設計師。

KYOTO

SHIMO GYO
下京

京都府

在看似沒什麼的下京區遇見獨特京都

有人或許會說崛川五條一帶「都沒什麼」，但其實，沒什麼正好。因爲沒什麼，才可能靜靜發掘出獨特回憶的「有什麼」。

まるき製パン所

「MARUKI製麵包所」京都人的集體記憶

藏在下京區住宅小巷內，還有一間不可思議的地域性老店，是一間名爲「MARUKI製麵包所」（まるき製パン所）的小麵包店。

「MARUKI製麵包所」創業於一九四七年，迄今已逾七十年。所有的麵包都在店內手工製作，從每天早上六點半就開始營業，直到傍晚。這間店本來只是附近居民愛戴的麵包店，但因爲好吃，靠著口耳相傳，逐漸吸引到許多遠道而來的顧客，許多日本人經常是開車特地來買。最近，因爲附近「京町家樂遊」旅店的早餐使用了他們家的麵包，客源甚至擴展到了中港台與歐美人士。

麵包店從麵包本身，到店家的裝潢與待客，未因時代衝擊而改變，保存著濃郁的昭和氣氛。每一款麵包，無論鹹甜，外表看起來很簡單，但吃過都令人難忘。許多顧客是從小吃著他們家麵包到大的，現在又帶著自己的小孩來吃。就連在店裡工作的員工也很死忠，資歷最長的居然已達四十年！

一間地區性的小麵包店，做到成爲在地京都人的集體記憶，那麵包咬下的每一口不僅是美味，也早已是自己與這座城市，一輩子不可分割的緣。

（上）在「MARUKI」店裡工作的員工很死忠，資歷最長的已達四十年。（右）每一款麵包，無論鹹甜，外表看起來很簡單，但吃過都令人難忘。（左）「MARUKI製麵包所」因為好吃，靠著口耳相傳，逐漸吸引到許多遠道而來的顧客。

INFO

MARUKI製麵包所

ADD 京都府京都市下京区松原通堀川西入ル
TIME 週二 - 六 6:30-20:00
週日、國定假日 6:30-14:00
週一公休
WEB tabelog.com/kyoto/A2601/A260203/26003237/

6 五條MALL：老宅新生成六間風格小舖

京都近年來有非常多將木造老宅改建成新生店舖的案例，這些所謂的「京町家」原本就飄散著古意盎然的氣氛，經過恰當的重新裝潢，再進駐恰如其分的店家，便給人一種溫古知新的亮眼感受。其中一間位於京都市下京區名爲「五條MALL」（五条モール），是很特殊的代表。

五條MALL豢養的慵懶小貓咪，每天都迎接著旅人的到來。

這幢木造老房原本是一間茶屋，結束營業後，經過改裝，在二〇一三年九月以文藝飲食空間重新誕生。京都其他老屋新生的開店案例多半是整棟便是一間商家，但五條MALL是用Share House的方式，將屋內的六個小房間，分租給不同單位，所以就有六間風格迥異的商家，同時存在於這幢空間狹小的老屋子裡。

目前進駐的六間店，類型分別有喫茶店小酒館、雜貨店、二手書店、藝廊、工藝家工作室和針對外國遊客的觀光資訊站。雖然空間不大，但店名卻用了MALL這個字眼，挺有反差的趣味。穿梭在老舊的建築中，委身在促狹的空間裡，每個房間都蘊藏著令人新鮮的感動。

「五條MALL」原本是一間茶屋，以文藝飲食空間重新誕生。

INFO

五條MALL

ADD 京都市下京区早尾町313-3

TIME 各店不一

IG 5jm_official

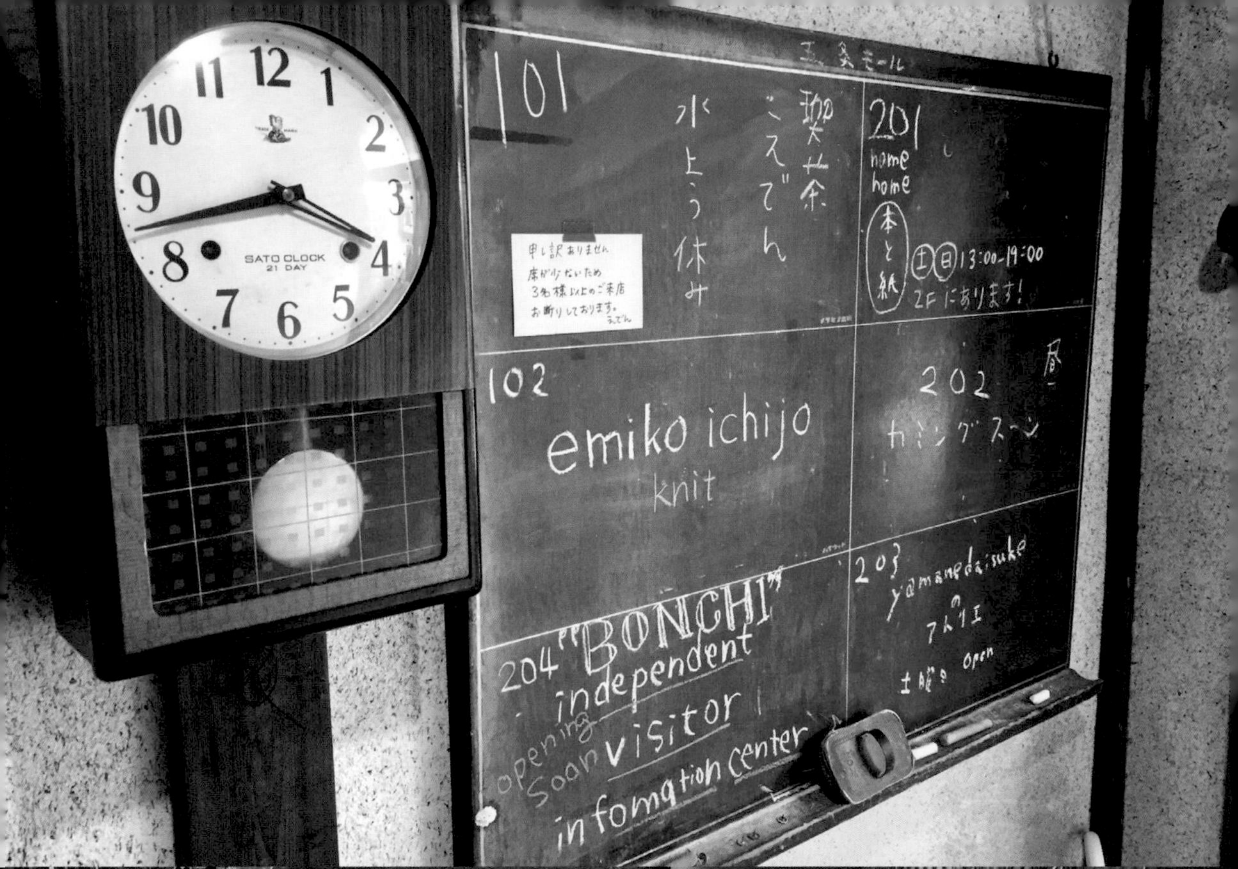
SATO CLOCK
21 DAY
101
喫茶
こえでん
水よう休み
申し訳ありません
席が少ないため
3名様以上のご来店
お断りしております。
201
home
home
本と紙
土日 13:00-19:00
2Fにあります!
102
emiko ichijo
knit
202
カミングスーン
203
yamanedaisuke
の
アトリエ
"BONCHI"
204
independent
visitor
infomation center
opening
Soon

BIKE PARKING
駐輪禁止!
NO PARKING

dd 食堂
SHOKUDO

三菜」配合著氣候時節，用上當令食材，料理出味噌湯、一道主食和兩樣配菜，再搭上白飯，清爽簡單。

到訪的這一天恰逢梅雨季節。京都定食的當季選菜，便以適合在潮濕溽熱、食欲不振的梅雨季裡，適合開胃下飯的菜色為主。簡樸的一道定食，吃出了食材的眞實美味，咀嚼鋪陳出京料理的食文化之美。

D&DEPARTMENT 京都在地品牌選物店

用完餐後，D&DEPARTMENT選物店就在食堂隔壁。包含食品、雜貨、傳統工藝品、書籍和衣物等約四百種商品，大多來自於京都在地的品牌。藉由獨特的觀點而決定的選貨，體現出京都的個性與生活。

用完餐，逛完選物店，也不必急著離開。繼續坐在「d食堂」外的休憩區，或是寺院的階梯上再休息一會兒吧。看著「d食堂」門外聳立的大樹，風來，綠葉搖曳，窸窣的聲音像使人安心的枕邊細語。

此時此刻，何以發呆也能感到奢侈，終於能夠明白。天空又下起雨了。怎麼覺得就連飄在京都寺院裡的雨絲，那速度與角度，彷彿也都特別的優雅呢？

(上) D&DEPARTMENT是設計生活雜貨店，在全國各地皆設有店鋪，店內附設名為「d食堂」的飲食空間。

(下) 用完餐，可逛逛選物店或繼續坐在「d食堂」外的休憩區，欣賞一下「d食堂」門外聳立的大樹。

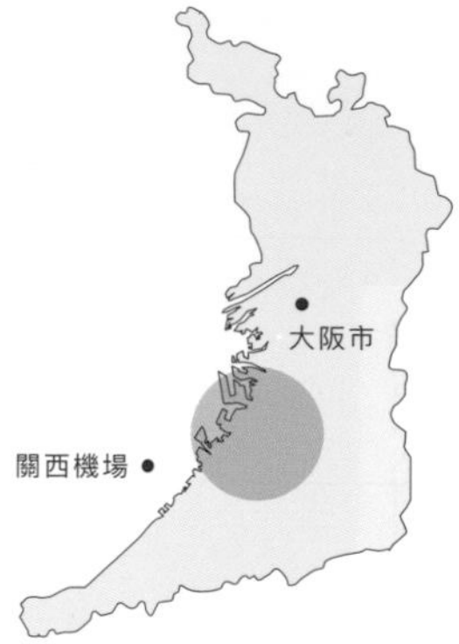

OSAKA

SAKAI SHI
堺市

大阪府

一個下午的慢節奏散步剛剛好

距離熱鬧的市中心不遠處，大阪有一塊區域，像是被裝進時光膠囊似的，流動著一股與市區迥異的生活氣氛，那地方叫做「堺」。

綾之町東商店街 如年邁老人打瞌睡般氛圍

距離山口家住宅不遠處，也就是阪堺電車「綾之町站」附近，有一條短短的拱廊商店街，名為綾之町東商店街。昭和三、四十年代（西元一九五五——一九六五年代前後）這裡曾繁華一時，如今多半只剩下鐵門深鎖的店家。人煙稀少，只有偶爾等候電車平交道的路人，被挽留住腳步。略顯寂寥的氣氛中，倒還是仍有幾間商舖夾縫中求生存。

午後，年邁的老闆坐鎮著，忍不住打起瞌睡。像在光陰的版圖上，一枚努力鎖定不動，卻終究鬆開的圖釘。

薰主堂，百年線香老舖！

喜歡點線香的朋友，我想絕對不能錯過明治二十年（一八八七年）就創業的百年老店「薰主堂」。很驚訝第三代店長北村欣三郎這麼說：「提起線香，很多人都直接聯想到京都。其實線香的發源地，在大阪堺市。」一走進古風洋溢的店裡，必然更能感受到道出這番話的驕傲。傳統線香工藝的源頭，舉手投足之間，都凝聚著和風文化的精髓。

沉香的氣味，充滿療癒。即使是古老的東西了，如今仍對緊張忙碌的都會人，有著意想不到的舒緩功效。跨越時代的好東西，像堅持著職人技法的薰主堂，讓人在心底默默盼望著，不要斷絕啊，就這麼一代又一代的流傳下去吧。

線香的發源地，在大阪堺市。

綾之町東商店街曾繁華一時，如今多半只剩下鐵門深鎖的店家。

INFO

綾之町東商店街

ADD 大阪府堺市堺区綾之町東1丁1-31

薫主堂

ADD 大阪府堺市堺区北半町西2-1
TIME 平日 9:00-17:30，假日 10:00-16:00
週日不定休
WEB www.kunsyudou.jp

多看一點點
More to See

老派的氣氛，溫暖的人情
喫茶店DOREME

喫茶店ドレミ
● ADD 大阪府大阪市浪速区恵美須東1-18-8
● TIME 10:00-18:00（L.O.17:30）／週一休
https://tabelog.com/osaka/A2701/A270206/27038436/

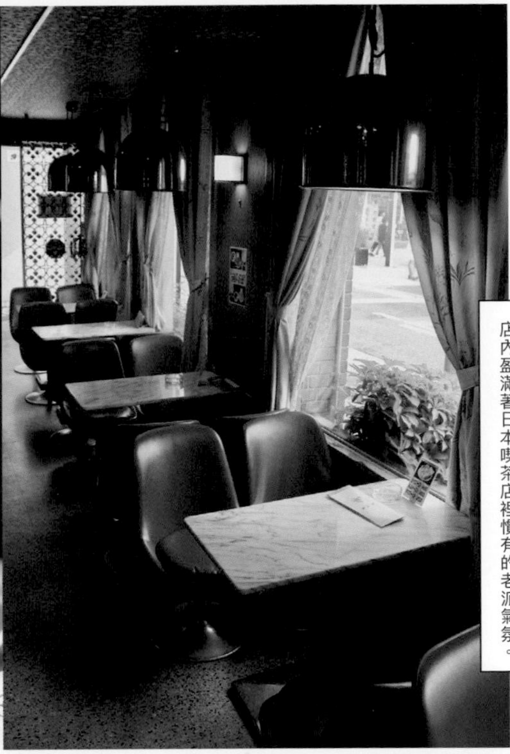
店內盈滿著日本喫茶店裡慣有的老派氣氛。

不拘小節的招牌鬆餅，顯露著大阪人的個性。

位於大阪新世界通天閣高塔正下方，有一間名爲「ドレミ」（DOREME）的喫茶店十分搶眼。因爲是位於路衝的三角建築，加上紅磚屋的外觀爬滿了綠葉，彷彿商圈裡突然冒出一座森林。很久以前就知道這間喫茶店，這次再訪大阪，終於坐進去好好悠閒地品味一杯手沖咖啡和招牌甜點。

店內盈滿著日本喫茶店裡慣有的老派氣氛，熱情待客的老闆招呼著我，自豪地推薦值得一嘗的飲料與甜點。於是我和隨行的夥伴們，一口氣點了熱咖啡、冰咖啡、冰淇淋汽水（綠色蘇打水跟本店外觀很搭）、果汁，以及豐盛的水果布丁船。

我最感興趣的則是該店的得意之作，現烤鬆餅，但終於見到招牌鬆餅的本尊時則有些意外。

首先是這鬆餅還眞厚啊，再來這鬆餅的形狀，也太……隨性了（笑），可能是截至目前爲止，我吃過形狀最不規則的鬆餅，完全相信是老闆剛剛手工製作出來的。不拘小節的鬆餅，多少也顯露著大阪人的個性，口感也是一絕。鬆餅吃起來像麵包和司康，帶著紮實的嚼勁，極具飽足感。喫茶店的氣氛雖是老派的，卻一點也不褪流行。即使是堅守著不變的傳統，亦能擁有迎合國際感的潮流。

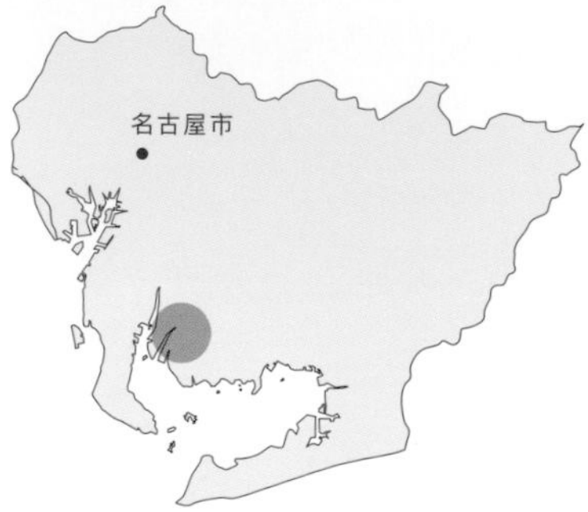

AICHI

HEKI NAN
碧南

愛知縣

日本鄉間
釀造味覺的發現之旅

整個碧南的自然風光，愛知縣的好山好水，還有那些令人回味無窮的美食，在這高台的鳥瞰中，風一吹來，彷彿腦海中的記憶就被激起了漣漪。

 ©photo by 碧南市政府

「碧南，
靜謐地保有著日本鄉間
最日常純樸的風景與人情。」

point of
HEKINAN

●關鍵名物：**碧南白醬油**、**味淋**，日本廚房特有醬汁發跡地。

●歷史巡禮：**大濱寺町**，逛逛碧南的歷史建築、寺廟與美術館。

●心靈景點：**無我苑**，哲學體驗村，透過五感領悟禪學哲思。

●蔬食體驗：**青青農場**，喝鮮榨紅蘿蔔汁，在葉菜之舍品嘗鮮蔬美味。

●見學之旅：**碧南火力發電廠**，帶孩子去開開眼界吧！

access

名鐵名古屋站 —（約19分／名鐵名古屋本線特急）— 知立站 —（約28分／名鐵三河線）— 碧南站

愛知縣最爲人所知的地方，雖然是名古屋市，然而對我來說，最有魅力的地方，卻是離開名古屋市區以後，前往鄉間路上的每一哩路。

其中，在愛知縣的最南端，有一塊目前仍少有觀光客踏足的區域，這裡的觀光商業色彩較淡，也不是夠熱鬧到能滿足你的購物欲，但卻靜謐地保有著日本鄉間最日常純樸的風景與人情，值得進階的日本旅人一探究竟。

從中部國際機場的所在地向東延伸，有四個靠近海灣的地方，分別是常滑市、半田市、西尾市和碧南市。常滑市以燒陶「常滑燒」爲名，號稱是日本六大古窯燒之一；半田市以山車祭典和「生仙貝」（一種類似於娘惹糕的甜點）聞名；西尾市以抹茶西尾茶出名，受國際知名冰品品牌所青睞使用；碧南市則生產許多重要的醬汁調味料，被譽爲日本廚房中不可欠缺的要將。

這一次，要領著大家走進碧南市，逛逛這個從古代就以釀造醬油、味淋（味醂）等調味料，以及如今更以各類新鮮蔬果而聞名的小鎭。

1 碧南市：白醬油與味淋的發跡地

碧南市是白醬油的發源地，也擁有歷史最悠久的味淋（味醂）品牌，由於發展的歷史久遠，縱使今天商業活動不似江戶年代那麼的活躍，但卻多虧曾經有過那段老時光，爲此地留下了不少古風洋溢的建築，其中包括眾多的神社寺廟。而有歷史的城鎮，就有無可替代的美食。走在碧南市，無論是鄉土料理，或是老屋新生的甜點咖啡館，都讓旅人在進行一趟觀摩歷史建物的散步時，也能同時來一趟味覺之旅。

面對三河灣的碧南市，被稱爲日本調味料的重鎮，因爲製作日本料理中極爲重要的白醬油和味淋，都從這裡發跡。

爲何碧南市會發展出蓬勃的釀造業呢？時序要倒推到兩百多年前，在奈良、平安時代，這一帶曾是海運繁榮的地方。到了江戶時代，從關西到關東移民的人漸增，商業繁榮起來，物流業逐漸發達，造就碧南市滋生出眾多的產業，其中一個就是釀造業。碧南市的矢作川有極爲適合釀造的優良水質，而河川流域又是穀

白醬油釀造發酵的時間短，僅需二至三個月即可完成。

倉地帶，爲釀造業提供了得天獨厚的天然地理環境，因此才讓碧南市發展出白醬油、溜醬油（たまり醬油）、味淋、味噌和日本酒的產業。

• LITTLE NOTE •

白醬油，日本最有特色的醬油

白醬油跟一般醬油最大的不同，首先在於顏色。雖然名為白醬油，但可不是真的是白色的，而是色澤偏淡，灰黑中帶著一點透明的質感，類似琥珀色。醬油主要的成分是大豆跟小麥，因大豆和小麥的發酵比例不同、鹽分比多寡，以及釀造置放的年份各異，在JAS法規定下，日本醬油分為五種：濃口醬油※、薄口醬油、溜醬油、再釀造醬油和白醬油※。其中白醬油的大豆成分約5%最低，小麥的成分有95%最多，相較於濃口、薄口醬油的大豆小麥比例為1：1，相差甚遠。此外，白醬油釀造發酵的時間也最短，僅需二至三個月即可完成。

白醬油最常被用在日本料理的烹飪中。由於顏色淡，所以添加進菜色中，不會讓食物的顏色變黑，可保持料理外觀的原色。尤其像是茶碗蒸、玉子燒等，幾乎都會使用到白醬油。而且因為小麥成分高，甘味重，所以能讓茶碗蒸和玉子燒帶出淡淡的甜味，令人回味無窮。

二次大戰前，白醬油幾乎只使用在名古屋的高級日本料亭或麵店，戰後經濟發展，一般家庭對於飲食的要求也向上提升，不只要好吃，也追求視覺美感，因此白醬油才開始從愛知縣普及到全國。

在碧南市內眾多的醬油釀造工廠中，最具代表性的三間品牌是日東釀造、七福釀造和YAMASHIN釀造。若有機會，不妨試試看事先報名，即可觀摩釀造工廠，親身體會白醬油的製造過程，以及第一手品嘗白醬油的美味。

被稱為日本調味料重鎮的碧南，留下不少古風洋溢的建築。

※濃口醬油為一般的深色醬油，烹飪時加入會讓食物顏色加深；薄口或淡口醬油則是鹽分高但顏色較淡，較能保留食物色澤；白醬油則比薄口醬油色澤更淺；溜醬油則是較為濃稠，顏色最深，一般吃生魚片時會沾用；再釀造醬油是指發酵時，以生醬油或醬油代替鹽水二次釀製而成，顏色更深但味道更甜，市面少見，烹煮高級食材會用到。

4 大濱寺町巡禮：漫步旅行，發現街角小樂趣

在碧南市有一區域名爲大濱（大浜），算是這裡的老城區，多數的歷史建築和老寺廟神社，都集中在這裡。

喜歡在旅行中慢慢走，發現街角小樂趣的旅人，不妨可以到這裡進行一趟「大濱寺町巡禮」。老實說，這裡不能跟其他知名城市中的老街相比，若逢旅遊淡季，甚至會覺得有些寂寥；但換個角度想，能如此貼近日本鄉間日常生活的體驗，相信也會有另一番收穫。

寺廟巡禮——精選三座最值得參觀的寺廟

在大濱寺町巡禮路線中，列進了十間寺廟，分別是觀音寺、稱名寺、本傳寺、清靜院、海德寺、寶珠寺、西方寺、常行院、林泉寺和深稱寺。其中又以海德寺、西方寺和林泉寺最值得參觀。

INFO

海德寺
ADD 愛知縣碧南市音羽町1-60
WEB www.hekinan-kanko.jp/highlight/detail/16/

西方寺
ADD 愛知縣碧南市濱寺町2-19
WEB www.hekinan-kanko.jp/highlight/detail/20/

林泉寺
ADD 愛知縣碧南市本鄉町3-8
WEB www.rinsenji.jp/

（右）貼近日本鄉間日常生活的體驗，別有另一番收穫。
（上）大濱是碧南市老城區，歷史建築和老寺廟神社多數都集中在這裡。

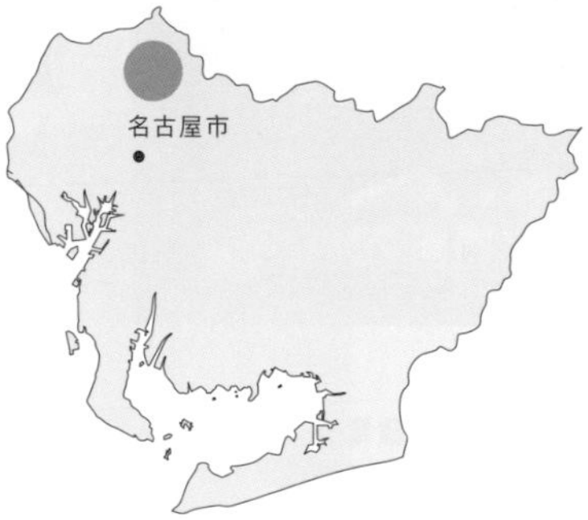

AICHI

INU YAMA
犬山

愛知縣

名古屋近郊小京都
「保存時光」的小鎮

依山傍川的犬山，在遼闊的自然景色中收納著歷史的軌跡，下町的懷舊風情，適合來趟半日或一日遊。若逢春櫻綻放或秋日紅葉季，更是不容錯過的賞景秘境。

1 國寶犬山城：最古老的日本城堡

說起犬山，最應該先提到的就是犬山城了。一直以來，犬山城的知名度似乎不高，不過它可是日本的重要國寶。日本有四大國寶城，分別是彥根城、姬路城和松本城，還有一座就是犬山城。姬路城和松本城的知名度高，但其實四座日本城中歷史最古老的，正是犬山城。

犬山城建造於一五三七年，到了一六〇〇年時，整座城郭大致修繕完成。現在所謂的犬山城，保留下來只有「天守閣」建築主體。城堡的規模雖然不算大，但因爲頂著歷史最悠久的光環，便足以傲視天地。

古時候，以天守閣爲中心的犬山城，暱稱爲「白帝城」。其由來是我們都熟悉的唐朝詩人李白的詩作〈早發白帝城〉。

「**朝辭白帝彩雲間，千里江陵一日還。兩岸猿聲啼不住，輕舟已過萬重山。**」

原來，昔日犬山城的地理環境與景致，跟李白詩作裡描述的白帝城極爲相似。白帝城沿著

長江畔建造，而犬山城則鄰近木曾川，同時見過兩地的古人，感覺有如孿生兄弟，故起此名。當我踏進犬山城天守閣，攀爬著木梯登上城頂時，忽然感覺每一步陡峭的階級，都彷彿像是歷史上拼湊的命運。

一段段險峻的前行，造就了犬山城的今日。逃過戰火的蹂躪，我們踏著前人的故事，並且還有賴於一代又一代細心呵護的保存，於是此時此刻才有幸站在城頂，擁有眼前一片遼闊的美景。

「兩岸猿聲啼不住，輕舟已過萬重山。」鳥瞰犬山，我想，所有的悲歡榮辱，在當下看似多是難關，然而放在時間的長河上，再怎麼沉重的，也不得不流放成一葉輕舟，無聲滑過。

INFO

犬山城
ADD 愛知縣犬山市犬山北古券65-2
TIME 9:00-17:00
12/29-31定休
WEB inuyama-castle.jp

（右）站在城頂可以看到一片遼闊的美景。
（左）古老犬山城和青春學子的時光對映。

3 犬山城下町：在江戶情懷中漫步

犬山城下町，是過去以犬山城（天守閣）爲中心，以外圍幅川所包圍起來的城下町。如今城郭與運河雖然已不復存在，但仍保留了幾條老街與兩排老屋，足以讓人重溫當年的江戶風情。

在「本町通」老街散步，隨意逛逛，吃吃喝喝，肯定是來到犬山城下町最爲悠閒的一刻。城下町老街上有三座與地緣相關的博物館，對喜歡文化與歷史的旅人，可考慮前往。它們分別是「Donden Kan」（どんでん館）、「犬山市文化史料館」（城とまちミュージアム）以及「犬山市文化史料館別館」（からくり展示館）三個地方。

犬山市文化史料館別館。

INFO
犬山市文化史料館
ADD 愛知縣犬山市犬山北古券8
TIME 9:00-17:00
12/29-31公休
WEB reurl.cc/d7yDL8

• LITTLE NOTE •

「犬山祭」
保留與傳承傳統文化

若時間不多，個人推薦一逛的是「Donden Kan」。這裡展示著已有三百七十多年歷史的「犬山祭」舉辦時所使用的「車山」(一般稱為山車，但犬山反過來，稱為車山)，一共有四輛在現場展出。博物館的「Donden」一字，就是從車山轉彎時所發出的聲音所擬音而來的名稱。

從高聳的車山展示與史料展覽中，得以了解犬山對於傳統文化的傳承和保留極為用心。「犬山祭」在每年四月的第一個週末舉辦，熱鬧非凡的傳統祭典，恰逢櫻花盛開之際，總吸引大批人潮前來朝聖。

「犬山祭」用的車山模型。

INFO

Donden Kan (どんでん館)

ADD 愛知縣犬山市犬山東古券62
TIME 9:00-17:00 ／ 12/29-31公休
WEB inuyama.gr.jp/facility/facility-41628

(右)犬山市文化史料館；(上)在老街的日式木屋中，也有改建而成的咖啡館與潮流餐廳，還有歐陸料理；(下)「Donden Kan」適合喜歡文化歷史的旅人。

犬山老街美食
傳統與文青滋味一次吃透透

在犬山老街的日式木屋中，除了保存下來不少老舖與食堂以外，也進駐許多販售傳統工藝品和小物的新店家。甚至也有改建而成的咖啡館與潮流餐廳，不限於和食，還有歐陸料理，空間與食物的和洋交融，處處有著充滿趣味對比。

「昭和橫丁」走進去就像是進入時光隧道，兩側盡是日本傳統道地美味。

●昭和橫丁，盡是傳統道地美味

本町通有一棟建築集合了各種美食攤位，名爲「昭和橫丁」。走進去，就像是進入時光隧道，在一條小巷中，兩側盡是日本傳統道地美味，從串燒、居酒屋到炒麵等等，滿足旅人的口腹之欲。小巷到底，展開挑高的空間，可以將購買的食物帶到這裡的室內廣場來食用，很適合多人數的家族。不過要注意的是這裡的餐廳多半只開到傍晚五點左右，因此請避開晚餐時段。

●森之市集，文青與潮流者的最愛

同樣是美食街，但「森之市集」（森のマルシェ）則是與「昭和橫丁」的風格完全相反，走的是非常潮流感的空間設計路線，吸引了不少文青旅人和年輕族群前來造訪。「昭和橫丁」賣的多半是和食，若想吃點異國料理，「森之市集」就是絕佳選擇了。

以木材和輕量鐵骨打造而成的開放式空間，雖然與老街上其他的建築風格不同，但卻不突兀，「森之市集」爲犬山老街帶來一股新鮮氣息。這幢建築由梶浦博昭環境建築設計事務所操刀，一舉奪下二〇一六年Good Design獎項。

味增田樂。

森之市集。

昭和橫丁。

「森之市集」一共有六間種類不同的店家進駐，二〇一六年四月開幕。屋頂開闢了戶外的啤酒花園，在此用餐或小酌，可眺望老街景緻。

由梶浦博昭環境建築設計事務所操刀，一共有六間種類不同的餐廳進駐。

●桃太郎餐廳，吃一口串燒香氣足的味噌田樂

犬山另一名物，是「味噌田樂」。「田樂」是一種將豆腐、蒟蒻、茄子和山芋等食材，用串燒的方式烤出來的愛知縣鄉土料理。塗抹在「田樂」上面的醬汁，主要以味噌加上味淋，並佐以柚子等香料，味道香甜，相當開胃。

創業已逾百年的「桃太郎餐廳」是販賣犬山土產的老舖。店內除了紀念品以外，附設的餐廳即有販售味噌田樂。使用五十年以上的秘傳味噌醬汁，將傳統的味道延續至今。推薦的餐點是「田樂定食」（木の芽でんがく定食），共有七串味噌田樂，定價約日幣一千二百圓。

「桃太郎餐廳」使用五十年以上的秘傳味噌醬汁，推薦的餐點是「田樂定食」。

INFO

桃太郎餐廳
ADD 愛知縣犬山市栗栖古屋敷14-3
（名鐵「犬山遊園站」東口，再轉車約5分鐘）
TIME 10:00-17:00／不定休
WEB inuyama.gr.jp/momotaro.html

森之市集
ADD 愛知縣犬山市犬山西古券21-2
TIME 10:00-18:00
週三公休

昭和橫丁
ADD 愛知縣犬山市犬山西古券60
TIME 各店營業時間不同
WEB shouwa-yokotyou.com/

5 明治村博物館：風華不滅，自各地挪移而來的知名建築群

穿梭在明治村的街道與建築群之中，才明白原來這裡是一個挪移時空，永保年華的奧秘聖地。園區內有六十多棟誕生於明治年間的建築，可不是復刻再建的，全是貨眞價實的原版。因爲曾經面臨拆建的危機，在愛好建築文化的有志人士之努力奔波下，原封不動地搬家到此。

假設只是幾棟占地狹小的平房，還可以想像如何搬遷。但是明治村裡大多數的建築，不僅高聳，且占地都非常廣大。這些建築那麼龐大，原本各自座落在南轅北轍的地方，到底是怎樣搬過來的呢？令我感到不可思議。園方的工作人員告訴我，無論建築或大或小，不管木造或石造，每一棟房子全是先拆解，將一磚一瓦編號封存以後，搬運到明治村來，再逐一組合，建造起來。

一句話就能解釋的過程，實際上卻像是要施一場魔法才能辦到的事。解構又建構，如此的搬家過程，若非有專業的建築技術與豐厚的藝術指導，絕對不可能在重現中保持完美如初的原貌。

CHECK
園區提供語音地圖導覽筆，有中文版，只要將語音筆按在地圖上一下，就會進行中文語音的介紹說明。

這些老建築曾在不同的地方風華過。如今，它們被安置在這裡，是什麼樣的心境呢？起初，我爲它們感到有些孤單。以爲要不是被捨棄了，怎麼會來到這裡呢？然而，很快的，我卻覺得這應該是件很值得欣慰的事。

所有入駐明治村的老建築，只差千鈞一髮，就要灰飛煙滅了。它們有幸被發了一張延續生命的請帖，在幾乎走到生命的最後之際，突然獲得挽救。不僅不會消逝了，還能永遠保持在狀態絕佳的時空中。那豈不就是接近著所謂的天堂嗎？明治村原來是一座令建築不老，彼此作伴，生命永恆的天堂。

園區內有一棟來自三重伊勢的宇治山田郵局建物，被列爲重要文化財產，如今仍在內設置了簡易郵局。在這裡你可以寫一封信，寄到未來。寄出的信，會在這座歷經時空挪移的空間中，保管十年以後才寄出。

十年後啊。如果寄一封信，給十年後的自己，收到信的那一天，我想我仍然會迅速想起這個午後做過的事吧。但我無法想像那時候的我，生活會是如何？此時此刻，我所在乎的親朋好友，是否還能留在我的身旁？

將薄薄的一張信紙，包裹著幾句對未來的簡單問候，放入信封，緘封此後十年的歲月更迭。十年後，一封肯定會寄到的，給自己的信。即將記載十年間或喜或悲的人間情事。我有點期待，也有點憂傷。關於這樣的，有一天終究會來的事。

（右）明治村有六十多棟誕生於明治年間的建築，可不是復刻再建的，全是貨真價實的原版；（左）來自三重伊勢的宇治山田郵局建物，被列為重要文化財產。

INFO

明治村博物館

ADD 愛知県犬山市字内山１番地
TIME 9:30-17:00
（依季節而定，詳見官網）
WEB meijimura.com/sp/

LITTLE NOTE

明治村博物館，張維中私心偏愛的據點

❶京都市電 ／原行駛於京都市區

等候搭乘市電時，不妨來一份明治村的咖哩麵包吧！

❷本鄉喜之床 ／原位於東京都文京區

原本這幢建築，是一間作為老理髮店的商家。

❸小泉八雲避暑之家

原位於靜岡縣燒津市

在明治村，現在改作為販賣零嘴的雜貨店。

❹聖約翰教堂 ／原位於京都市下京區

中世紀羅馬式建築風格教堂，充滿著寧靜之美。

LITTLE NOTE

⑤ **聖方濟天主堂**
原位於京都市中京區
窗戶的透光花玻璃，真是美極了！

⑦ SL 蒸汽火車 ／ 尾西鐵道

搭乘一段蒸汽火車，穿梭在山林之間，短短的一程路，卻有如綿延出古老而悠長的時光。

⑥ 帝國大飯店中央玄關 ／ 原位於東京都千代田區

當年日本泡沫經濟高峰，東京為了追求現代化，把很多老建築都拆了蓋新大樓。如果，當初能保留這座玄關在原址，就像是東京車站的丸之內驛站，不也是挺好的嗎？

GUNMA

IKAHO 伊香保

群馬縣

走上365石階 找到自己生日的那一階

所有的疲勞都解放了，抬頭看見的藍天，此刻彷彿變得更加遼闊。環顧山中美景，都是帶不走的，只有在這裡才能夠享受到的豐美犒賞。

「每一間商店都好像被按下一個時間暫停鍵似的，
從往昔到今都未有改變。」

point of
IKAHO

- 關鍵景色：**伊香保365石段階**，找到自己生日那一天。
- 名物元祖店：**勝月堂**，溫泉饅頭原來發源自這間店！
- 味覺記憶：**「大黑屋」**，溫泉布丁的蛋香與忘不了台灣小吃的老闆娘。
- 在地喫茶店：**茶房手毬・茶屋TAMAKI**溫泉鄉裡風情獨具的喫茶店。
- 日本第三大：**「水澤」烏龍麵**，水澤觀音寺前美味。

access

JR新宿站新南口 —— **約2小時30分** —— 伊香保溫泉

新宿巴士轉運站／バスタ新宿
（長途巴士，上州ゆめぐり号／東京ゆめぐり号）

旅居東京多年的我，若要選擇溫泉旅行時，私心偏愛的地方是群馬縣的草津和伊香保溫泉。曾經在《一日遠方》書中介紹過草津溫泉，這一回，要探訪的是離東京更近的伊香保。

伊香保溫泉和草津溫泉並列爲群馬最具代表的名湯，再加上「四萬溫泉」的話，則被譽爲「上毛三名湯」。據說伊香保溫泉早在一千多年前就被發現且挖掘，其名稱曾出現在日本最古老的和歌集《萬葉集》當中。現在的溫泉街規模始於日本戰國時代，綿長的石階最初也成形於這個年代。明治時代以後，許多文人如竹久夢二、德富蘆花、夏目漱石、萩原朔太郎和野口雨情，都是熱愛此地的常客。

如果你能夠安排的小旅行時間不長的話，伊香保比草津更適合。從新宿車站南口對面的長途巴士站「バスタ新宿」，搭乘「上州ゆめぐり号」前往伊香保·草津溫泉方向的長途巴士，單程約兩小時半即可抵達伊香保。這班巴士若不在伊香保下車的話，一直坐下去，就會到草津。從新宿到草津的車程約四小時。

1 「峠の公園」：復刻過往路面電車站

在新宿買巴士票的時候要特別注意，伊香保下車的地方有兩個。一個是寫「伊香保溫泉」，另一個則是寫「伊香保石段街」。初訪此地的人，大概買票時直覺就會選擇在伊香保溫泉下車吧，事實上更精準的下車處是選擇伊香保石段街。當然，主要還是看你住宿的旅館位於何處來選擇。大部分的旅館，應該都是集中在石段街附近。

若從伊香保溫泉站下車的話，大約要走十五分鐘的路才會抵達石段街。從這裡下車，沿途會經過一座名爲「峠の公園」的地方。

這座小公園的設計復刻了過往伊香保路面電車站的模樣，公園內擺放了一節百年歷史的路面電車，是明治四十三年到昭和三十一年之間，行走在涉川和伊香保之間的路面電車。若是鐵道迷的話，這裡自然是不能錯過的拍照景點。每月的第一、三個週日，從九點半到下午三點半車廂會開放參觀。

INFO
峠の公園
ADD 群馬縣涉川市伊香保町伊香保553-7

公園內擺放了一節百年歷史的路面電車，若是鐵道迷的話，這裡自然是不能錯過的拍照景點。

2 石段街：存在四百年的伊香保象徵

石段街是一條很長的石階路，順著山坡向上攀升，最後抵達半山腰上的伊香保神社。伊香保是一個非常小的溫泉鄉，最熱鬧的地方就是以這條石段街爲中心。在石段街上有非常多的烏龍麵店，因爲烏龍麵正是此地的名物之一。

沿著長長的石段街向上攀升，最先要去的地方該是半山腰上的伊香保神社。石段街的石階可謂是伊香保的象徵，沿途有不少旅館、大眾溫泉、餐廳、土產店和遊樂場所，飄散著濃郁的溫泉鄉氣氛。

我喜歡石段街的氣氛，每一間商店都好像被按下一個時間暫停鍵似的，從往昔到今都未有改變，一種保有著本色的存在。縱使到了週末，旅遊人潮增多了，仍不會讓人覺得擁擠，依然能夠進行恰當距離的悠閒散步。

在石階途中會有幾個戶外足湯，如岸權旅館外的足湯，大家可以圍坐著一起把雙腳浸泡在溫泉裡。山中氣溫恆常微涼，暖和腳底，身子也會感覺溫熱。

沿著長長的石段街向上攀升，最先要去的地方該是半山腰上的伊香保神社。

1

4

2

3

每年三月初，伊香保溫泉有一大年度盛事，會在石段街上舉辦「石段雛祭」慶典，是我認為最合適來伊香保旅遊的時節。這一天，當地的孩子們穿上日本傳統服飾，裝扮成和風小人玩偶，一副遵循古禮的模樣排排坐，很是逗趣。街上還會有搗麻糬的活動，大家可免費分食到可口的麻糬，並喝上一杯熱呼呼的甘酒。

石階一共有三百六十五段，好不容易爬完石階，終於抵達伊香保神社了。鎮守著伊香保溫泉的這座神社，主要奉祀著是與溫泉、醫療相關的神明，是所有到訪此地的人必來之處。每到十二月三十一日跨年時，會在這裡免費提供甘酒，熱鬧非凡。

LITTLE NOTE

365階石階
找到自己出生那一階

從四百年前有伊香保溫泉開始，石階就存在了。一九八〇年重新整修，經過五年後才呈現今日的樣貌。在石階的入口處，整修了一個溫泉小瀑布，名為湯瀑，迎接到訪旅人。每當夜裡點起燈來之際，更是別具風情。

新的石階從入口到伊香保神社為止，總共有365階，代表著一年365天的日子。拾階而上，千萬別只顧著抬頭看風景，因為每一段階梯，都會出現不同的小驚喜，例如會刻上十二生肖，以及刻印上歌人與謝野晶子創作的詩句等等。還有不少日本年輕人，會將自己出生的那一天，換算成是一年當中的第幾天，於是找到那一個數字的石階拍照留念。

INFO
伊香保神社
ADD 群馬縣渋川市伊香保町伊香保 2

1 沿途可以看到角落群聚著泡湯代表小物黃色小鴨，讓溫泉鄉更添趣味；**2** 每年三月初，伊香保溫泉有一大年度盛事，會在石段街上舉辦「石段雛祭」慶典，是我認為最合適來伊香保旅遊的時節；**3** 在石階途中會有幾個戶外足湯，大家可以圍坐著一起把雙腳浸泡在溫泉裡；**4** 在石階的入口處，整修了一個溫泉小瀑布，名為湯瀑。

3 湯本河鹿橋、伊香保露天風呂：最「新鮮的」溫泉源頭地

離開神社，雖然沒有石階了，但往山裡走，還有很值得去的兩個景點。一個是湯本河鹿橋，另一個則是伊香保露天風呂（戶外溫泉）。

湯本河鹿橋緊鄰著伊香保泉源，也就是伊香保溫泉的源頭地。這座朱色的木橋，每逢秋天紅葉季節時，會進行夜間點燈。紅葉配朱橋，向來都是伊香保的賞楓勝地。至於伊香保露天溫泉更是不可錯過了。因爲地勢高，使用的就是伊香保溫泉源頭流出來「最新鮮」的溫泉。

湯本河鹿橋緊鄰伊香保泉源，是伊香保溫泉的源頭地。

伊香保露天溫泉更是不可錯過。因為地勢高，使用的是伊香保溫泉源頭流出來「最新鮮」的溫泉。

溫泉池一分爲二，左邊溫度較高，右邊較低。由於泉質中含鐵的成分多，所以顏色呈現褐色，鐵質的味道也稍濃。在歷經攀爬長長的石階以後，浸入暖呼呼的露天溫泉中，像是給予自己的一種慰勞。

所有的疲勞都解放了，抬頭看見的藍天，此刻彷彿變得更加遼闊。環顧山中的美景，都是帶不走的，只有在這裡才能享受到的豐美犒賞。

INFO

伊香保露天風呂

ADD 群馬縣渋川市
伊香保町伊香保湯本581

TIME 4月-9月 9:00-18:00
10月-3月 10:00-18:00
公休日：每月第1與第3個週四
（國定假日無休；八月整月無休）

WEB www.ikaho-kankou.com/spring/spa1/

（上）這座朱色的木橋，每逢秋天紅葉季節時，會進行夜間點燈。
（下）環顧山中的美景，都是只有在這裡才能夠享受到的豐美犒賞。

GUNMA

SHIMA ONSEN
四萬溫泉

群馬縣

在日本後花園
四萬溫泉小旅行

四萬溫泉鄉受到許多文人騷客的熱愛，近代的文豪太宰治和與謝野晶子，都曾到訪過此地，頗受青睞。

「溫泉浴之外，
來趟自行車散策，
享受空氣清新的森林浴。」

point of
SHIMAONSEN

●專屬別名：**「日本的後花園」**，四萬溫泉的暱稱。

●日本第一：**積善館**，日本最古老的湯宿。

●最佳散策：騎著**單車**來趟森林浴。

●鄉土美食：**「中島屋」**蕎麥麵、豬排飯**「ASUNARO」**，吃出家庭料理的味道。

●在地新名產：**NAKAYOSHI COFFEE**，群馬咖啡豆。

●番外篇：**藥師溫泉．旅籠**，日本旅人走訪秘境里程碑。

access

JR東京站（八重洲通7-11日本橋三丁目店門前巴士亭）	**約4小時** 長途巴士，四萬溫泉號	四萬溫泉

一般人想起日本的溫泉之鄉，多半會先提到九州大分縣。其實另外有一個縣，意外地擁有許多不少名湯。這些溫泉鄉比起大分縣來說，不少是藏在相當隱密的深山裡，甚至是被評比為「秘湯」的等級。因此對於日本在地的愛湯客來說，過度開發的大分縣或許太觀光了一點，反而是群馬縣的溫泉鄉，更能享受到人煙稀少的寧靜。

群馬縣最知名也是最大的溫泉鄉，是《一日遠方》曾經介紹過的「草津溫泉」。草津溫泉多次被海外遊客，評比為日本第一或最想去的溫泉鄉。縣內排名第二的則是以綿長的大石階梯為特色的「伊香保溫泉」。相較於草津來說，伊香保的外國遊客稍微少一些，以日本在地遊客為主。而如果你還是覺得這裡太像觀光地（雖然本來就是）的話，想要再探訪更偏僻一點，連去過的日本遊客都不多的地方，那麼請快跟上來，歡迎到訪這一趟要介紹的「四萬溫泉」小旅。

1 四萬溫泉：日本的後花園

四萬溫泉在群馬縣吾妻郡中之条町，號稱是日本的後花園，既然有「後」這個字，就不難猜想是一個眞的還滿鄉下的地方。雖然遠，但從東京過去溫泉鄉其實還滿方便的。東京車站八重洲口有直通巴士，每天一班，早上九點發車，直接抵達四萬溫泉，車程約三小時半。回程也是每天一班車，一點四十五分從四萬溫泉發車，回到東京車站約五點半。如果你來東京玩，想安排兩天一夜的溫泉小旅，秘境的四萬溫泉是不錯的選擇。

四萬溫泉的泉質，我覺得比起草津溫泉來說，比較不那麼強烈，溫馴許多，據說對於異位性皮膚炎的治療特別有效。四萬溫泉最大的特色之一就是可以飲用。並不是所有的溫泉都能飲用，但四萬溫泉作爲飲用泉的歷史很悠久，自古以來就跟這裡的居民生活融爲一體，號稱飲用時，對腸胃特優。在四萬溫泉鄉的街道上散步，不時就會看見戶外「飲泉所」的設置。口渴了，就在這裡喝點天然健康的溫泉水再上路吧！

1

2

3

除了這些飲泉所以外，還有很多戶外的足湯。每次造訪日本溫泉鄉，我總喜歡足湯。因爲在氣溫較低的深山中散步，尤其秋冬，走沒多久就會覺得寒冷。這時候若有足湯，既可坐下來休息，又可泡腳暖身，一舉兩得。因此建議大家來到這種足湯較多的溫泉鄉，記得包包裡帶條毛巾，泡完足湯方便擦拭。

四萬溫泉鄉受到許多文人騷客的熱愛，近代的文豪太宰治和與謝野晶子，都曾到訪過此地，頗受青睞。確實這裡的溫泉對身體療癒的效能顯著，溫度很適當，景觀也非常幽靜，難怪會被日本列爲「國民保養溫泉地」之一了。

倘若你是想逛熱鬧的溫泉街商店，那麼哥現在就可以告訴你，請放棄考慮來這裡。然而如果你是想徹底休息身心，住個兩天一夜的溫泉旅館，享受溫泉也品味旅館內的美食，同時喜歡散步或騎單車接近大自然的話，四萬溫泉就是值得升級版日本旅人探訪的選項囉！

1 在東京車站八重洲口有巴士直通四萬溫泉，每天一班；**2** 四萬溫泉對身體療癒的效能顯著，溫度很適當，景觀也非常幽靜，被日本列為「國民保養溫泉地」之一；**3** 同時喜歡散步或騎單車接近大自然的話，四萬溫泉是值得探訪的選項；**4** 在四萬溫泉鄉的街道上散步，不時就就會看見戶外「飲泉所」的設置；**5** 足湯既可坐下來休息，又可泡腳暖身，一舉兩得。

2 積善館：日本最古老的湯宿

「在挑高的空間裡，清澈的日光，從拱形長窗外溫馴地注入進來。池水上繚繞的溫泉湯氣，在斜照中顯得更加朦朧。天地氤氳，倘若始終注視著，彷彿某一刻，就將走進失去時間與距離的夢境。」

最初，我會決定到訪四萬溫泉，其實正是緣由於這樣的一張照片。完全被浴池的景致給吸引了目光，想親自見證一番，這間坐落於四萬溫泉的積善館。

「元祿之湯」洋溢大正浪漫的大眾浴場

不同於一般日式溫泉旅館內的傳統檜木浴槽，積善館內的大眾浴場「元祿之湯」是以石造建材爲主。建於昭和五年（一九三〇年），延續著當時所謂的「大正浪漫」氣氛，一座融合了現代西洋與和風的天然溫泉。說是日本的溫泉，猛一看卻更像是帶著歐風氣息的土耳其、羅馬等地的昔日浴場。

地磚上傳導出溫泉帶來的熱度，步下石階，眼前便看見鑲進五個並排的石造浴池。每個浴池都有流泉，源源不絕，保持著一種緩緩溢出的速度，池水的高度因此始終與地面同等。若無風也無人，池水便平穩如鏡，感覺療癒。我站在池邊，有一刻竟不想踏入，深怕破壞了那份靜好的美感。

老實說，要是以現代檢視溫泉旅館的眼光來看，浴池的設備恐怕是顯得有些簡陋的，不過，正是因爲喜歡這股老老舊舊的氛圍，於是才特地前來朝聖。縱使有著斑駁的時間感，於我而言，卻一點也不減它該有的典雅幽靜。讓人難得地體驗到，與其他溫泉旅館不同的泡湯感受。

「元祿之湯」有著獨特的典雅幽靜。

Photo by 積善館

積善館溫泉創業於三百多年前。

1

1

1

3

2

浴場內的牆邊有兩個小門，讓人好奇。在這麼超脫時空的場景裡，難道眞有秘密的隧道？打開後，原來是兩間坐式蒸氣室。必須蜷著身子才能「爬」進的狹窄空間，拉上門後瞬間暗黑，若有空間幽閉症，絕對是難以承受了。但若想試試與世隔絕的心情，躺在溫暖的石床上放空一番，也許能藉著這裡的暖氣，蒸發掉世俗的煩惱。

積善館以浴場「元祿之湯」吸引著我，然而，其實更知名的，是這間溫泉旅館的悠久歷史與被列爲重要文化財的「本館」建築。本館原本爲二層樓建築，明治四十年代增建三樓。現在除了木造本館以外，也增加了新式建築的山莊和佳松亭。

積善館本館
日本最古老木造湯宿

積善館溫泉創業於三百多年前，本館建於號稱是日本現存最古老的木造湯宿。這裡最初被「關善兵衛」用爲私人溫泉住宿，是在日本元祿四年，西元一六九一年，相當於清朝康熙年間的古早事。一六九四年(元祿七年)對外營業開放，至明治年間才正式取名爲「積善館」。在本館一樓的歷史資料室「元祿之間」可以看到許多關於旅館的資料，及留存下來的許多相關文物。三樓還保存著一間當年模樣的舊客房，作爲參觀之用。若非住宿在積善館的旅客，也可以參加本館的見習活動。

溫泉風呂除了元祿之湯以外，另外還有四座大小不一的浴場或個人湯屋。入夜後，旅館附近除了小居酒屋外，幾乎沒有什麼店家和娛樂設施，所以最好進旅館前就買好零嘴以備不時之需。

吃完晚餐，稍作休憩，睡前再泡一次湯吧。暖暖的身子鑽進被窩，好眠一場，養足精神，等待在明日，還有一場洗滌心靈的，自行車山間之旅。

LITTLE NOTE

如何前往積善館

前往積善館，推薦最簡單的前往方式，是選擇官網上「東京—四萬」來回巴士車票的一泊二食套裝行程。此行程附有「會席料理」的晚餐與早餐，還能夠品味到群馬縣當令食材的美食。

入宿典麗的積善館，享用雅致的會席料理。

INFO
積善館
ADD 群馬縣吾妻郡中之条町四万温泉
WEB www.sekizenkan.co.jp

（右頁）
1 積善館的重要文化財，「本館」建築。
2 除了木造本館以外，也增加新式建築的山莊和佳松亭。
3 在本館一樓的歷史資料室「元祿之間」可以看到許多關於旅館的資料及文物。

3 單車散策路線：四萬溫泉的清新森林浴

清晨轉醒，在四萬溫泉的旅館內用完早餐後，一大早最合適的行程，我認爲就是租輛單車，挑一條喜歡的自行車散策路線，來一趟空氣清新的森林浴。

在店家聚集最密集的溫泉街上，提供旅遊諮詢站的「四萬溫泉協會」可以租借單車。租兩小時的電動腳踏車，約日幣五百圓左右，相當便宜。個人經驗是兩小時半已相當足夠，若需延長，每小時須再多付兩百日圓。從上午九點至下午四點半爲止，都可以租借。不過，因山間氣候的問題，租借服務只有在四月到十一月底才提供。在四萬溫泉騎單車感覺眞的很不錯，所以建議要去這裡玩的話，最好盡量安排在有單車租借的期間尤佳。

四萬溫泉協會內有提供幾條單車路線建議，我選擇的是往「山口」和「溫泉口」的方向騎，終點是去看「甌穴」景點，折返以後前往一間「木工工房」，最後再挑間咖啡館休憩。

提供旅遊諮詢站的「四萬溫泉協會」可以租借單車。

公眾溫泉、「甌穴」沿途行經的眾多小亮點

這裡不算是有過度觀光客聚集的地方，單車騎起來不必到處要閃躲他人，道路平緩，騎車很舒服。雖然偶有山坡，即使是電動腳踏車也可能感到吃力，不過這時候跳下車牽車健行也不錯。日本的空氣原本就好，在秋日山林間，更顯舒爽。每一口吐納，都好似從裡到外清澈了自己的身軀。

INFO

四萬溫泉協會
ADD 群馬縣吾妻郡中之条町大字四万4379
TIME 8：30-17：15
WEB nakanojo-kanko.jp/shima/

甌穴
ADD 群馬縣吾妻郡中之条町四万3520
WEB www.ouketsu.net

木工工房（木ばらし工房）
ADD 群馬縣中之条町大字四万4401-9
TIME 10：00-17：00（僅在3-12月中旬對外營業）／週三、四公休
WEB inotitosei.jp/kibarasi01.html

（上）觀光客不多的路上，騎單車不必到處要閃躲他人。
（下右）沿途會經過許多小小的公眾溫泉，如室內的「上之湯」和戶外的「四萬清流之湯」。
（下左）甌穴是數萬年以來，川流帶著石砂不斷旋轉所侵蝕而成的凹穴。

將近一千件左右的木工品，全是店長狩野先生手工製作。

（右）泡腳專用的「山口川音之足湯」。（中、左）甌穴。

沿途會經過許多小小的公眾溫泉，如室內的「上之湯」和戶外的「四萬清流之湯」，及專門泡腳的「山口川音之足湯」等溫泉點，若騎車疲憊，身軀寒冷了，挑一個泡泡很過癮。

我的單車路線終點站，是被群馬縣指定為天然紀念物的觀光景點「甌穴」。這裡的特殊地形景觀，很值得一看。數萬年以來，川流經過此處有一漩渦，帶著石砂在同一處不斷旋轉，經年累月下來侵蝕地表岩盤，形成一個個凹穴。最大的穴，寬有直徑八公尺，深約三、四公尺。潔淨透澈的河水流轉至此，受凹穴表層的顏色影響，洞窟呈現漂亮的青綠色，讓人驚嘆時間果真是一門藝術，或者更是一場魔術。

「木工工房」文豪太宰治曾在此創作的木屋

回程，在小山坡上有一間木製工藝品「木工工房」（木ぱらし工房）記得繞去看看。這裡展示了將近一千件左右的木工品，全是店長狩野先生手工製作而成的結晶。其中許多作品，都藏著令人莞爾的創意。想體驗製作工藝品的話，可以參與付費的簡單課程。

值得一提的是此處的日式木造建築，大有來頭。原來是從京都移築過來的建物，歷史已超過四百多年。日本文豪太宰治曾在這幢木屋裡創作，成為此地在工藝品之外，吸引太宰治書迷前來拜訪聖地的魅力。

狩野先生非常熱情。就算我只是進來瞧瞧，最終沒有買任何東西，他也熱情招待熱茶與咖啡。知道我是台灣人以後，話匣子更是一開停不了。他準備了一本筆記本，希望到訪者留言。遊客簽到紀念，狩野先生則回贈一枚樹木年輪磁鐵。坐在得以眺望美好風景的位子上捧著熱茶，繼續和狩野先生聊天，深深覺得，每一趟旅行，我們和當地人或許僅是一期一會的萍水相逢，過一陣子或許誰也記不清楚誰，但是當時暖暖的心意，會深植並養成我們的性格。遇到下一個陌生人，我們也將懂得釋出溫熱的善意。

木工工房的日式木造建築是從京都移築來的建物，歷史已超過四百多年。

四萬溫泉街上，令人珍惜的老店家。

4 蕎麥麵中島屋・豬排丼飯ASUNARO・柏屋咖啡：流連忘返的溫泉街

喜歡到訪日本的溫泉鄉留宿一夜，鍾愛的除了是溫泉與旅店以外，周圍的散步行程也是期待的樂事之一。大自然散策或單車之旅讓人心曠神怡，但若還能有一條在地的溫泉街就更棒了。也許溫泉街不必太長，規模不用太大，可恰好街上有幾間吸引目光的小店家，美味的道地食堂，還有令人流連忘返的茶店或咖啡館，那麼就會令人感到這趟溫泉之旅無比充實。

日本列島擁有著無數的溫泉地，在不同的都道府縣，遇見的溫泉街，隨著當地風土民情而有所不同。當然不可諱言有些極爲相似，彼此的替代性高，但也不少是擁有獨一無二的特色。每當來到這種「非得去到哪裡，才能感受到的」溫泉街氣氛，心底就會升起一股「能夠旅行眞好」的感動。

四萬溫泉的溫泉街規模小，有些老店家甚至大門深鎖，不再營業，不知道是受到觀光客不多的影響，抑或是面臨著高齡少子化社會後繼無人的窘境。這是日本近年來，個人經營的老食堂所共同深陷的命運。因此，走在四萬溫泉街上，就更讓人想要珍惜那些看起來有些歷史的老店家，希望他們能堅持下去。

INFO

豬排丼飯ASUNARO（あすなろ）
ADD 群馬縣吾妻郡中之条町四万乙4231
TIME 11:00-15:00、18:00-23:00／週三公休
WEB reurl.cc/b7YDdl

柏屋咖啡
ADD 群馬縣吾妻郡中之条町四万4237-45
TIME 10:00-17:00／不定休
WEB www.onsen-cafe.com/

蕎麥麵中島屋
ADD 群馬縣吾妻郡中之条町四万4231-1
TIME 11:00-15：00，售完為止／不定休
晚餐僅提供給有事前預約的客人
WEB www.sobazanmai-nakajimaya.com/

「中島屋」、「ASUNARO」
手打蕎麥麵與豬排丼飯專賣店

在提供「一泊二食」的溫泉飯店裡，除了晚餐和早餐之外，另外兩頓午餐，挑了溫泉街上的兩間風格不同的和食食堂。一間是專賣手打蕎麥麵的「中島屋」；另一間是專賣豬排丼飯的「ASUNARO」（あすなろ）。中島屋的手打蕎麥麵是以當地群馬縣嬬戀高原及北海道兩地所產的蕎麥，經由石臼手工挽製而成。麵條可口彈牙，而天婦羅的炸蝦與當季時蔬也香酥美味。特別驚喜的是天婦羅當中有一道是蘋果。裹著麵衣，輕炸表皮的蘋果切片，口感相當特別。當作收尾的水果甜點，似乎是一般蕎麥麵店少見的天婦羅品項。至於「ASUNARO」的豬排丼飯，這一餐我點的是淋上半熟蛋液的親子豬排丼飯。無論是食堂氣氛或豬排吃起來的感覺，都瀰漫著日本媽媽的家庭料理滋味。當然啦，豬排口感不能跟東京那些連鎖知名店相比，但年邁的老闆爲飢腸轆轆的旅人們努力趕工烹製，在大份量的紮實口感中，卻能吃出一股鄉間小店才有的溫暖。

中島屋的手打蕎麥麵可口彈牙，而天婦羅的炸蝦與當季時蔬也香酥美味。

「ASUNARO」的食堂氣氛與豬排，都瀰漫著日本媽媽的家庭料理味。

「柏屋」咖啡館，品味群馬的 NAKAYOSHI COFFEE 咖啡豆

溫泉街裡唯一連續兩天都去的店家，是這間名為「柏屋」（柏屋カフェ）的咖啡館。昭和初期的民宅所整修而成的建物，在原有的懷舊風情中，增加了幾抹復古新潮的況味。一樓除了座位區以外，另一處空間闢出販售與四萬溫泉相關的手工藝品，若想買特別的明信片，可以到此選擇。

此外，一樓還放置了一台醒目的咖啡烘豆機，店內提供的咖啡來自於自家烘焙豆「NAKAYOSHI COFFEE」。真正屬於四萬溫泉的特產其實很少，但在二〇一七年開幕以來，柏屋推出的NAKAYOSHI COFFEE咖啡豆品牌，已不只成爲四萬溫泉的知名土產，也躍升爲群馬縣產咖啡豆的代表。

最喜歡的是柏屋二樓，面窗的吧檯座位區。隨著四季更迭，窗外景致亦隨之改變。一邊啜飲咖啡，一邊看風景與友人聊天，當然別忘記再點一份柏屋招牌甜點布丁。在這趟四萬溫泉小旅行劃下終點以後，相信此時此刻所累積的悠閒時光，都能在回到水泥森林的辦公室時，轉換成爲抵抗百無聊賴的能量。

（右）柏屋是昭和初期的民宅所整修而成的建物，角落販售與四萬溫泉相關的手工藝品；（左）啜飲咖啡的同時，別忘記再點一份柏屋招牌甜點布丁；（上）柏屋二樓面窗的吧檯座位區，是最有季節感的地方，窗外景致隨著四季更迭。

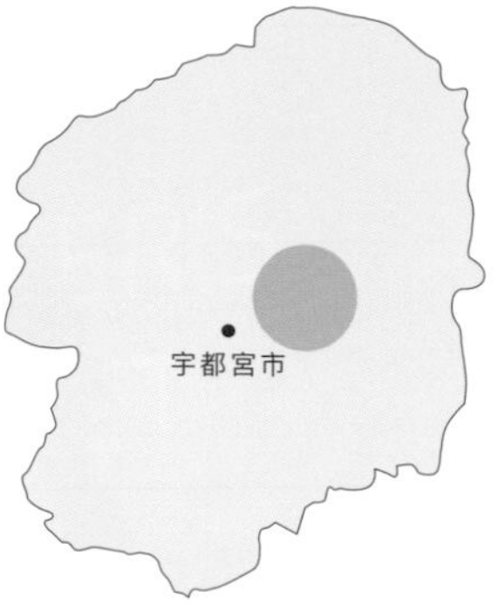

TOCHIGI

KURO ISO
那須塩原 黑磯

栃 木 縣

從黑磯小鎮出發，探訪 N's YARD 奈良美智美術館

因為一趟探訪「N's YARD」奈良美智美術館之行，我同時認識另一處留下深刻印象的地方，那是個名為「黑磯」的小鎮，一個只有地方線電車通行，地廣人稀的鄉間小鎮。

OPEN
Chus
BUTTER
NO
ITOKO

3 Chus：享用在地物產與料理

「SHOZO Street」上另一個推薦的據點是「Chus」。「Chus」的一樓設置了物產品賣場「MARCHE」，從生鮮蔬果到伴手禮，以那須在地栽培、生產和製造的產品爲主。地產地銷，用這些當地的食材烹調而出的鄉土料理，就在一樓後半部的「TABLE」餐廳裡，提供美味的餐點。

「Chus」還是一間旅店，二樓的「YADO」讓遠道而來的旅人，在黑磯小鎮覓得溫馨的留宿。房型有分兩人套房，以及八人的通鋪，預約時可選擇是否要付早餐或晚餐。個人建議是至少要訂晚餐，因爲黑磯的餐廳很多並沒有開到晚上，晚餐的選擇很少。「Chus」的東西好吃，直接在這裡用晚餐最恰當。

INFO

Chus
ADD 栃木縣那須塩原市高砂町6-3
WEB chus-nasu.com/

（上）地產地銷的食堂空間。
（右頁上）Chus賣場「MARCHE」，從生鮮蔬果到伴手禮都有。
（右頁下）Chus的「TABLE」餐廳裡，提供美味的餐點。

4 N's YARD：奈良美智美術館：森林裡的藝術秘境

一個人包場逛美術館，到底是什麼樣的感覺呢？這一天，當我踏進那須森林裡的秘境「N's YARD」奈良美智美術館時，感受到了這份令人難以忘懷的體驗。

「N's YARD」是以展示藝術家奈良美智爲中心的現代美術館，自從二〇一八年開幕以來，喜歡奈良美智作品的我一直惦記著想去，卻因爲始終沒有前往那須的機會，再加上美術館所在位置偏僻，若無自駕，只靠大眾運輸工具實在舟車勞頓，於是就這麼延宕下來。原本台灣朋友要來日本玩，曾計畫一道前行，最終卻因爲新冠肺炎疫情而取消，大家遺憾了好幾個月。前陣子某一天，我突然覺得不能被意志消沈的氣氛給打敗，於是福至心靈做出決定，隔天就出發。

前往「N's YARD」要先搭乘從東京出發的新幹線到那須塩原站，大約七十分鐘左右，接著再轉搭普通電車至下一站「黑磯」站，車程約十分鐘。眞正關鍵的重點是從這裡開始。除非搭計程車（單程車資就要三千多日幣），否則只有公車能選擇。公車班次非常少，兩小時才一班，所以得算準美術館來回時間（太晚了就沒車回黑磯站）並倒推回算。總之，最後我得出一個理想的行程安排，就是搭乘約早上八點半的新幹線從東京出發，十點多就抵達黑磯站，在附近吃早午餐，然後搭十二點四十分左右從站前出發的公車，就能在下午一點到「N's YARD」美術館了。

於我而言，「N's YARD」的看展動線，是從一下公車的瞬間就開始的。公車不是恰恰好停在美術館門前，而是得從一條小路鑽進去，往裡面再走十分鐘才會到達。非常喜歡這一段路，到訪的這一天完全沒有其他路人，兩旁的綠地夾道，筆直的視線向前延伸出高聳參天的綠樹。風微微涼，吹拂過樹梢，葉子發出沙沙的聲響，配合著我腳下踩過的碎石子路，像溫柔的協奏曲。

或許因爲平日，又或許眞的太偏避，再加上到訪時仍是疫情中，減少了觀光客，這一天「N's YARD」幾乎沒有什麼參觀遊客。經常我都是一個人身處在偌大的展間，靜靜的自在享受著我和作品，及灑落進空間裡的日光，形而上的三方互動。

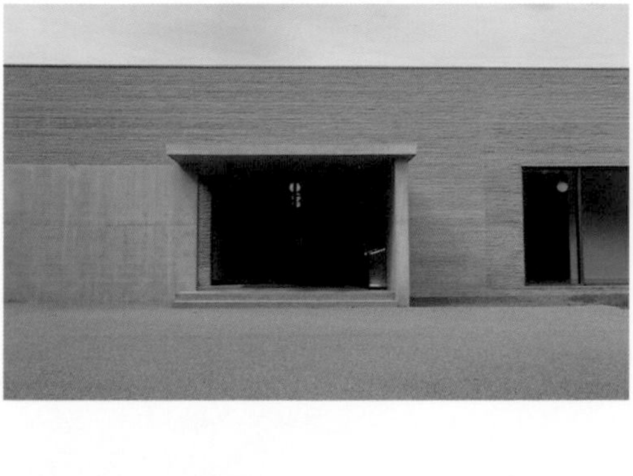

（右）搭著公車前往森林裡的奈良美智美術館；（左）奈良美智美術館，低調的建築與入口。

「N's YARD」總共約有六個展示區，除了奈良美智自身作品之外，也展示著他長年累月收集的鍾愛唱片及物件，另外也陳列有極少數其他藝術家的作品。戶外庭園有一尊奈良美智的雕刻創作，在逛完室內展間後，別忘記到美麗的花園散步。隨著四季更迭，庭園內的植物景致也大異其趣。

美術館商店有很多東西，是只有在「N's YARD」才能購得的限定商品，離開這裡就不容易入手，喜歡就別猶豫。建議挑些明信片來寫吧，這樣一會兒就能坐進附設的「Konara Cafe」一邊喝咖啡一邊消磨時間，因爲回程的公車發車時刻，得等到下午四點半。

一整天都能持門票再自由進出館內。倘若喝完咖啡，在離開前還有時間的話，想再進去逛一圈也不成問題。重看一次，只挑第一次看時特別鍾愛的作品，這回從不同的角度去看，或乾脆坐在前方的椅子專注審視，玩味出不同的心境。

美術館裡依然空空蕩蕩，不像是東京都內那些美術館，每次看展都在視線中夾雜人頭。恍如一個人包場逛美術館，在那須塩原「N's YARD」的奈良美智美術館中，再次深刻確信，一件好的作品，對他最溫柔也是最霸氣的欣賞方式，就是給它一個遼闊的空間，謝絕閒雜人等，只有它，和你。

INFO

N's YARD

ADD 栃木縣那須塩原市青木28-3
TIME 10:00-17:00／週二、三公休
有冬季休館時間，
每年12月中旬至翌年3月下旬休館
WEB chus-nasu.com/

（上）美術館內附設的「Konara Cafe」。
（下右）美術館商店，限量商品只能在此購買到。
（下左、中）「Konara Cafe」奈良美智的畫也無所不在。

1 高岡市：鑄物職人與藤子．F．不二雄的故鄉

對於高岡市的印象很模糊？但只要說出這座城市原來是哆啦A夢小叮噹的作者藤子．F．不二雄的故鄉，肯定大家就會「哇！」一聲，一輩子忘不了這地方。

高岡市是富山縣僅次於富山市的第二大城，近代發展為工商業城市，最為人所知的（除了哆啦A夢以外）當屬「鑄物之里」的角色。這裡現今仍聚集許多日本職人，以手工打造出日本傳統工藝。其中「高岡銅器」是代表，同時鋁製品的鑄造也相當發達。如果你鍾愛茶與日本酒，那麼走進職人之街，各式典雅的茶壺與酒杯，肯定會讓你相當懊惱，不知該下手哪一個才好。請小心荷包別失血過多！

高岡市車站，與哆啦A夢的相遇

在JR高岡站前廣場有哆啦A夢與他朋友們的雕像，而在車站大樓的一樓內則設有一個「哆啦A夢郵筒」（どらえもんポスト）。只要在這裡投郵寄出去的信件，都會蓋上獨一無二的郵戳，那就是印有哆啦A夢郵筒的紀念郵戳喔！哆啦A

夢迷千萬別錯過。

另外值得一提的是，褐色的雕像郵筒，使用材質即是來自於高岡市銅器。接下來我們要拜訪的地方，就是以鑄鐵製銅而聞名的鑄物之里金屋町。

INFO

哆啦A夢郵筒

ADD 富山縣高岡市下関町6-1（JR高岡車站候車室內）

（左）只要在這裡投郵寄出去的信件，
都會蓋上獨一無二的哆啦Ａ夢紀念郵戳。（©Fujiko-Pro）
（右）JR高岡站前廣場有哆啦Ａ夢與他朋友們的雕像。（©Fujiko-Pro）

金屋町，鑄物之里

高岡市內的「金屋町」是此地鑄造業的發源地。數百年前，因加賀前田家二代當主前田利長爲振興在地產業，故招攬了七位鑄物工匠職人到此，開啓了高岡鑄造業的序幕。

金屋町是一條古色古香的老街，被列爲重要傳統建造物群保存地區。傳統木造建築鱗次櫛比，在一條細小的石板路兩側向前延伸，恍若走著走著，就會掉進舊往時光。

踏進「高岡市鑄物資料館」可以一目了然鑄造業的歷史。高岡鑄物的影響有多深呢？舉個例來說，每逢除夕夜日本寺廟裡會撞擊懸掛的「梵鐘」，全日本將近有90％都產自於高岡市。

金屋町這一帶值得參觀的職人商舖，推薦專賣鑄鐵茶壺的「鐵瓶屋」；以各鋁製雜貨爲主並附設喫茶休憩處的「大寺幸八郎商店」；曾獲得Good Design大獎，以銅器爲首等鑄物精品而聞名的「四津川製作所」等店。

（從右至左）以各鋁製雜貨為主的「大寺幸八郎商店」；以鑄物精品聞名的「四津川製作所」；推薦專賣鑄鐵茶壺的「鐵瓶屋」。

INFO

金屋町

ADD 富山縣高岡市金屋町

WEB www.takaoka.or.jp/tw/archives/35?lang=zh-tw

金屋町傳統木造建築鱗次櫛比，
在一條細小的石板路兩側向前延伸。

LITTLE NOTE

在「鑄物工房利三郎」打造自己專屬鋁杯

若想在職人師傅的指導下嘗試鑄造出自己的作品，那麼不妨來一趟「鑄物工房利三郎」。在這裡可以為自己設計出獨一無二的鋁杯，從拿刀刻模開始，到高溫熔鋁、灌鋁漿，最後在冷卻成型後，再由師傅的幫忙下磨光，不一會兒，剛才在砂模刻畫出來的紋路，就全出現在成型的鋁杯上了。

感受一下，用自己打造出來的專屬杯喝杯沁涼的清酒，滋味是否特別不同？

INFO

鑄物工房利三郎

ADD 富山縣高岡市金屋町8-11
TIME 10:00-18:00／每月第4個週日公休
WEB www13.plala.or.jp/jinpachi

從拿刀刻模開始，在鑄物工房利三郎可以為自己設計出獨一無二的鋁杯。

日乃出壽司：在地人的私藏美味「富山灣壽司」

富山雖然以黑拉麵出名，但是來到靠近富山灣的西部，就應該要品嘗看看新鮮海味。在地人帶路推薦的私藏美味，是一間名爲「日乃出壽司」的老店。

富山灣擁有得天獨厚的天然環境，一年四季都有富盛的海產。用當令漁獲作爲生魚片，加上自豪的在地米，每一粒握壽司，都是富山之美的堆疊。

建議可點「富山灣壽司」套餐，約二千至三千五百日圓左右。內有一盤十個壽司，搭配味噌湯，一口氣吃到富山縣的精華漁產美味。

開朗健談的老闆與客人熱情互動，即使是外國客人，語言不太通，也能以笑顏款待，賓主盡歡。家族經營的日常小店，空間雖然促狹，然而職人雙手捏出來的美味，縈繞在心中，卻蔓延得無比遼闊。

老店日乃出壽司，職人雙手捏出來的美味，縈繞在心中。

INFO

日乃出壽司

ADD 富山縣高岡市宮脇町 1004
TIME 平日 12:00-21:00
週日、假日 11:45-20:00
週三公休

瑞龍寺：朝聖國寶

離開金屋町，富山縣目前唯一被列為日本國寶的「瑞龍寺」也有著非去不可的價值。本尊祭祀釋迦如來佛的瑞龍寺，在一六一四年創建。境內建於十七世紀，保存完好的佛殿、法堂和山門正是當地國寶。

時光為瑞龍寺洗鍊出一種無可替代沉穩。究竟是佛殿內飄散的沉香，抑或是觸摸木材紋路飽滿的歷史感，身處於這方靜謐的空間中，一草一木都給予了我深深的安心感。

• LITTLE NOTE •

高岡大佛
日本第一帥佛！

銅器鑄造技術的發達，為高岡市帶來一尊號稱列為日本三大佛之一的高岡大佛。這尊碩大的銅製佛像自一九〇七年起打造，耗費二十六年時間才完工。

八百多年前，原本源義勝曾在此興建木造大佛，只是年久失修並經過幾場祝融之災已消失。後人為表敬意，決定重新復原佛像，便決定以高岡興起的鑄造技術，打造出這尊大佛。大佛留著兩撇小鬍子，從底部蓮花座到容顏，雕工精密至極，甚至還被譽為日本大佛中的美男子。

美的定義因人而異，幸福也是。在佛前祈願，能夠自在平安，便已知足。

高岡大佛被譽為日本大佛中的美男子。

INFO
高岡大佛
ADD 富山縣高岡市大手町 11-29
TIME 6:00-17:00
WEB www.takaoka.or.jp/tw/archives/48?lang=zh-tw

INFO
國寶瑞龍寺
ADD 富山縣高岡市關本町 35
TIME 9:00-16:30
（12 月 10 日 -1 月 31 日 16:00 為止）
WEB www.zuiryuji.jp/

瑞龍寺保存完好的佛殿、法堂和山門是當地國寶。

2 冰見市：山珍海味一網打盡

倘若行有餘力，離開高岡市，從高岡站搭乘JR「冰見線」約半小時，可前往能登半島上的冰見市。來到冰見的主要目的，當然就是去品嘗選擇更多的山珍海味。

冰見番屋街：冰見港場外市場品嘗山珍海味

這裡有處室內的冰見漁港場外市場，名爲「冰見番屋街」。從冰見漁港直送而來的新鮮魚產，在這裡直接販售，同時也有餐廳可以吃到這些調理後的美味。

除了海鮮丼、生魚片和壽司之外，此地也有各種類型的餐廳，例如冰見牛、冰見烏龍麵、冰見咖哩、拉麵等，能一網打盡吃到地道美食，只端看你有多大的胃。

冰見番屋街旁還設有「總湯」冰見溫泉。一邊泡溫泉，一邊遠眺窗外，天氣好的時候，視線越過富山灣，浮現的就是三千公尺級的立山連峰，堪稱泡湯絕景。

田中：品嘗知名和牛品種冰見牛

酷愛吃牛肉或燒肉等朋友，來日本旅遊「集點」似的吃到各地生產的和牛，應該是件舌尖上的樂事。冰見牛是這裡的名物，縱使一路上美食誘惑已經夠多，仍然強烈建議預留肚子的空間，品嘗看看冰見牛何以出名美味。

推薦這間冰見牛專賣店「田中」（たなか）燒肉，約二千七百日圓上下的「上燒肉」份量適中，套餐附一杯飲料，便能吃到冰見牛燒肉各個部位的差異。

田中販售的冰見牛，均出自於自家牧場培育的牛隻，強調餵養優質的飼料，一頭頭細心照料健康長大成「牛」，高規格的品管下，自然能夠確保肉質的優良。

光是上菜時看見牛肉的美麗油花，就覺得沒走錯店了。果然一片片燒烤出來的肉片，都令同桌的人讚嘆不已。其實一整天已經吃很多美食了，但爲了冰見牛，這一晚就是再撐一點兒都值得。

從冰見漁港直送而來的新鮮魚產，在「冰見番屋街」直接販售。

INFO

冰見番屋街
ADD 富山縣冰見市北大町25-5
TIME 鮮魚市場、商店8:30-18:00
餐飲店11:00-18:00
迴轉壽司10:00-20:00
美食廣場 8:30-18:00
WEB himi-banya.jp/

田中
ADD 富山縣冰見市朝日丘3931-1
TIME 精肉店9:00-19:00
餐廳11:30-15:00（L.O.14:30）
17:00-21:30（L.O.21:00）
公休日 週三、每月第1與第3個週二
WEB www.himigyu.com/

（上）能登半島上的山珍海味，應有盡有。
（右下）市場內除了各式魚獲，也有餐廳可以吃到這些調理後的美味。
（左下）強烈建議預留肚子的空間，品嘗看看「田中」燒肉的冰見牛何以出名美味。

3 南礪市：更貼近你我生活的合掌村

南礪市地理上分兩部分，分別是平原部分和以五箇山爲主的山岳部分。最知名的地點當然就是五箇山合掌村了。此外自古以來也以絹織物、木雕和和紙製造而聞名，近來還有演劇祭也廣爲日本人所知。

五箇山相倉合掌村：世界遺產，卻是有著日常感的合掌村

從JR高岡站或新幹線新高岡站出發，前往五箇山合掌村最方便的方式，是搭乘「世界遺產巴士」專車到「世界遺產五箇山相倉口巴士站」下車即可，車程約一個多小時。這班巴士也能到白川鄉的合掌村。

富山縣的五箇山合掌村主要分成「相倉」和「菅沼」兩個聚落，這次拜訪的是前者。目前相倉合掌村共有二十幢合掌屋建築，散落在山間中的一片小田野，沒有遭受到外界現代化的破壞，保存著往昔的模樣，迄今仍是村落居民日常起居的小世界。

比起白川鄉合掌村來說，雖然這裡合掌建築的數目較少，但卻比較貼近眞實的生活。沒什麼商業的店家，觀光客也不比白川鄉來得多，更加能夠感受到傳統合掌村居民的日常。

相倉合掌村內有幾個可以入內參觀的地方，包括相倉民俗館、相倉傳統產業館、勇助展示館、原始合掌建築、五箇山和紙漉體驗館和食堂。其中，勇助展示館是開放給一般民眾參觀的民宅，可以登上二樓，看見合掌建築屋簷的內部結構。

相倉合掌村在每年的三、五、九、十一月都有夜間打燈，詳細實施時間可參閱官方網站。特別提醒，合掌村因爲仍是日常居民的村落，因此對外開放時間是8:30至17:00爲止。若沒有在此訂房留宿，五點以後不能繼續留下來。

春夏秋冬，大自然彷彿特別眷戀合掌村，在每一個季節，都給予無比美麗的景致。隨著時光更迭，在村民守護的執著中，一切美好，都將繼續年復一年地流轉。

INFO

五箇山合掌村

ADD 富山縣南礪市相倉611

TIME 8:30-17:00

WEB gokayama-info.jp/

3

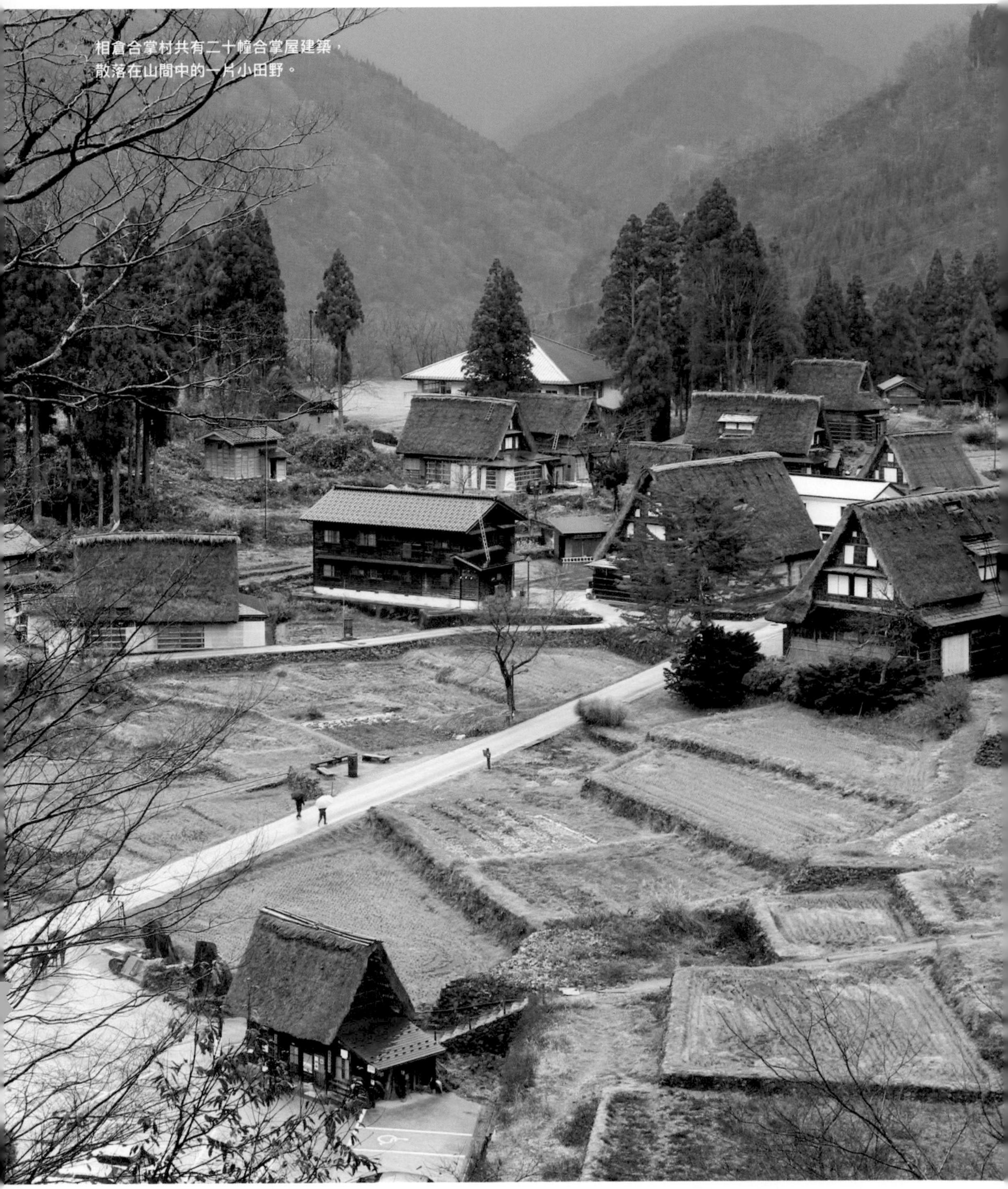
相倉合掌村共有二十幢合掌屋建築，
散落在山間中的一片小田野。

來相倉合掌村，請聽哥的話，一定要安排在「茶店松屋」（まつや）吃頓午飯。點一份天婦羅蕎麥麵定食或松屋定食，可以吃到來自五箇山最道地、最新鮮的鄉土家庭料理。以新鮮摘取的山菜做天婦羅，搭配各式小菜，還有手工飯糰與非常彈牙的手打蕎麥麵。美味是必然，份量之豐盛更讓人驚嘆，這裡真是世外桃源。

「茶店松屋」美味是必然，份量之豐盛更讓人驚嘆。

相倉合掌村沒有遭受到外界現代化的破壞
迄今仍是村落居民日常起居的小世界。

LITTLE NOTE

「道之站．平」的和紙製造體驗

體驗過濾紙漿、瀝水、乾燥加熱等過程，親手感受到一張紙誕生的過程。

五箇山也被稱為「和紙之鄉」。除了在相倉合掌村內可體驗和紙製造以外，合掌村外有一處「道之站．平」（道の駅たいら）的「和紙工藝館」也能參觀見習和紙的製造工廠並參與體驗製作。

在工藝館的和紙製作體驗，可以手工做出明信片，從選擇模樣貼花開始，到過濾紙漿、瀝水、乾燥加熱等過程，親手感受到一張紙誕生的過程，十分有趣。

體驗工坊外則陳列販售各種和紙製造出來的產品，包括信紙、燈飾、扇子，甚至是紙製錢包與背包都有，全是富山產的日本製伴手禮。

可以手工做出明信片，也可以購買體驗工坊外陳列販售的各種和紙製品。

INFO

和紙工藝館
ADD 富山縣南礪市東中江215
TIME 9:00-17:00／公休日：12月29日-1月3日
WEB gokayama-washinosato.com/

4 礪波市：庄川峽令人驚豔

離開南礪市後，來到緊鄰的礪波市。原本對這裡毫無概念，到訪以後才知道不可小覷。原來，全日本鬱金香生產量第一名的地方，就是在這裡。

鬱金香四季彩館，與百萬株花朵相遇

礪波市內有一處「鬱金香四季彩館」展示著鬱金香的起源與傳播。日本開始有鬱金香是一九一八年的事，小田喜平從海外帶回鬱金香球根，開始了日本首次的商業栽培。而富山縣庄下村的青年水野豐造也在同一年和鬱金香相遇，在家鄉試著栽種鬱金香，從此奠定富山縣爲日本鬱金香故鄉的基礎。

我比較詫異的是，一直以爲鬱金香的形狀就是那個典型的模樣，來到這裡才知道鬱金香依不同品種，花的形狀也相差很大。另外就是土耳其傳統畫風裡，原來很多花卉的圖案，就是最初鬱金香起源的形貌之一。

鬱金香有花季，每年四月底到五月初，會在

1

鬱金香四季彩館的「礪波鬱金香花園」舉辦「礪波鬱金香花卉博覽會」。花博期間會有近七百種不同品種，共約三百萬株鬱金香百花齊放，相當震撼。

非花季來到此地，依然能在室內，看見一整年都能見到的溫室栽培鬱金香。喜歡ＩＧ打卡當網美的朋友，這裡肯定是拍不完的攝影棚了。禮品部旁的咖啡館推出了鬱金香霜淇淋，有興趣的朋友可以嘗試。不過呢，你得發揮一點想像力才行。因爲鬱金香本身其實沒什麼香味，所以變成霜淇淋時，就是吃一種氣氛而已。

INFO

鬱金香四季彩館

ADD 富山縣礪波市中村100-1

TIME 9:00-18:00

公休日不一，出發前請先查詢官網

WEB www.tulipfair.or.jp/zh/

1「鬱金香四季彩館」展示著日本鬱金香的起源與傳播。

2 鬱金香霜淇淋，吃的是一種氣氛。

3「礪波鬱金香花卉博覽會」期間
會有近七百種不同品種展示。

1

2

3

庄川峽遊覽船，山群裡的川流之旅

礪波市擁有壯闊風景的庄川峽也令我印象深刻。搭乘定期航班出發的遊覽船，可在短時間內往返庄川峽，覽盡川畔美境。

隨著遊覽船的行走，每段河川都迸出迥異的景致。包圍川流的群山，在四季轉換中呈現出不同的風情。濃郁的新綠讓人充滿生氣，秋日

LITTLE NOTE

庄川溫泉 留宿首選地

礪波市內有一處庄川溫泉鄉，建議若留宿礪波的話，可以選擇來到此地過夜。

推薦的旅館是這趟旅程下榻的「川金」溫泉旅館。距離市區有點距離，住宿客人可以向旅館預約，在礪波站有接駁車可送迎。大正元年創業的溫泉旅館，迄今已超越百年。不過旅館的建築是重新建造的，因此非常乾淨新穎。很喜歡這間旅館的溫泉，透明的水質，泡過以後感覺皮膚特別滑嫩。尤其鍾意戶外風呂，十分寬闊，邊泡湯，邊欣賞日夜兩款景色。

夏秋兩季到訪，最讓人難以忘懷的就是以鹽烤鮎魚為主的會席料理了。魚肉香甜可口，一整條可連骨帶刺吃下去，完全沒問題。冬季則更換成豬肉火鍋，但無論哪個季節都能在此品味到在地的當令美味食材。

（左）雖是百年旅館，但建築經重建後非常新穎。
（右）留宿川金旅館，溫泉好，會席料理的鹽烤鮎魚更是一絕。

INFO
川金
ADD 富山縣礪波市上中野70
WEB kawakin.jp/

紅葉當然更是奪人心。更多人喜歡在下雪時到訪，看靄靄白雪堆疊在山峽間，有如藝術畫作。

遊覽船室內座位區有景觀窗，視野良好，連天空也能看見。或可登上戶外甲板區，毫無隔閡地眺望自然，且聽風吟。

但提醒你秋冬這裡非常寒冷，若易風寒，甲板不宜久留。還是回到樓下室內區有暖氣會保險一點。

INFO

庄川峽遊覽船
ADD 富山縣礪波市庄川町小牧73-5
WEB www.shogawa-yuran.co.jp/c/index.html

庄川峽遊覽船開放時間

● **定期航線**

平常（4月1日-11月30日） 8:30-17:05
冬季（12月1日-1月31日） 9:00-16:30
春季（2月1日-3月31日） 9:00-17:05

● **短距離巡遊（預約制）**

平常（4月1日-11月30日） 9:50-15:30
冬季（12月1日-1月31日） 10:20-14:50
春季（2月1日-3月31日） 10:20-15:30

（右）庄川峽風景壯闊。
（左）隨著遊覽船行走，每一段河川都迸出迥異的景致。

5 射水市：眺望立山連峰與世界最美的海灣

在最美的海灣吃最好的海產。倘若想欣賞壯闊的富山灣與立山連峰，並且一轉身就能大啖海產美食，那麼就非來射水市不可了。在這裡有一座「海王丸公園」可以看海賞山，一旁的「新湊海鮮市場」能夠吃到現買現料理的海產。

海王丸公園：盡攬富山灣之美

在射水市的「新湊大橋」旁有一座海濱公園，名爲「海王丸公園」。新湊大橋是日本海側最大的斜張橋，號稱是富山縣內除了黑部水壩以外，最高的建築物。上層是車道，下層是人行步道，十分壯觀。

海王丸公園是一個寬闊的休憩廣場，供當地居民與遊客在此遊樂。每逢假日，常見闔家野餐，朋友屈膝而坐，偶爾也有活動在此舉辦。公園內有一展望台，拾階而上，得以更清楚地眺望到立山連峰及富山灣。二〇一四年，富山灣加入「世界上最美的海灣俱樂部」，公認其無與倫比的美。

公園名稱由來是一旁停泊的「海王丸」帆船。海王丸在一九三〇年下水服役，現在已功成身退，常年停泊在此供遊客參觀。除此之外，針對小朋友定期舉辦的海洋教室也會在船內舉行，現在船內的房間依然可供訓練生住宿使用。

在富山灣能一覽日本海側最大的斜張橋——新湊大橋，與海王丸帆船。二〇一四年，富山灣加入「世界上最美的海灣俱樂部」。

INFO

海王丸公園

ADD 富山縣射水市海王町8

TIME 公園24小時開放
海王丸帆船開放時間 9:30-17:00
（隨季節而不同，夏天至18:00、冬天至16:30）
週三公休

WEB www.kaiwomaru.jp

「海王丸」常年停泊在此
供遊客參觀。

新湊Kittokito海鮮市場：當季的美味海鮮

新湊Kittokito海鮮市場（新湊きっときと市場）就在海王丸公園一側，可從JR富山站搭乘「富山鰤魚螃蟹巴士」觀光巴士抵達。在這裡能吃到從新湊漁港捕獲的新鮮海產，其地位等於就是富山的豐洲市場。市場內賣的海鮮，店家會幫忙客人現場料理，馬上就能品嘗到最當季的美味海鮮。

新湊漁港的招牌美食之一是「紅白丼」。以富山特產紅楚蟹和小白蝦料理而成的海鮮蓋飯，新鮮爽口，飽滿甘味。淋上些許醬油提味，不知不覺就完食。

除了週三、週日、休市日與歲末年初以外，每天下午一點，新湊市場都會舉辦漁獲拍賣會。剛捕獲入港的海鮮，會送到這裡競標拍賣，遊客只要事先在十二點半時，前往新湊市場內的詢問處集合報名，就可以參觀見習。

（由上至下）新湊Kittokito海鮮市場內賣的海鮮，店家會幫忙客人現場料理；招牌美食「紅白丼」以富山特產紅楚蟹和小白蝦料理而成，新鮮爽口，飽滿甘味。

INFO

新湊Kittokito海鮮市場

ADD 富山縣射水市海王町1番地

TIME 9:00-17:00
（隨季節不同各店營業有變動）
公休日請確認官網

WEB kittokito-IChiba.co.jp/

6 小矢部市：富山白拉麵的起源地

富山西部六縣的最後一站，來到其實已經很靠近金澤的小矢部。沿途的鄉間之旅，來到此地便即將告終。小矢部有兩樣當地人極力大推的美食，風格迥異，一種是拉麵，另一種是甜品，能夠品嘗到富山西部在地的好滋味。

富山白拉麵：小矢部的觀光主打星

富山名聞遐邇的黑拉麵，在我吃過以後，實在因爲過鹹而不敢恭維。這一次旅程，在地人推薦我試試看富山白拉麵，保證洗刷我對當地拉麵的印象。富山白拉麵的發源地就是小矢部，其實應該說是小矢部市爲了推展觀光，所以特別發明出來的當地特色料理。在日本很多當地名產都是這樣的，說穿了可能本來沒有什麼特色的料理，但爲了吸引外地人和觀光客注意，因此特別發想出來的產品。雖然有點刻意，不過我覺得只要東西好吃也就無妨吧。

所謂的富山白拉麵，其實就是以豚骨拉麵湯頭作爲基底，加上小矢部特產的雞蛋麵、在地

白拉麵上的肉味噌，吃的時候先不要攪拌，品嘗白拉麵原味湯頭幾口之後，再將肉味噌均勻攪拌。

豬肉叉燒與白蔥花，最後則放上一匙肉味噌。吃的時候先不要攪拌，品嘗白拉麵原味湯頭，幾口之後再將肉味噌均勻攪拌，湯頭又是另一整滋味。在小矢部有許多拉麵店都有賣富山白拉麵，可以確認一下小矢部市的官方網站，上面有列出可以吃到的店家地址。

五郎丸屋古意盈滿的傳統建築裡，賣的雖然是和菓子，卻非印象中的傳統日式甜點。

薄冰本舖．五郎丸屋：展現北陸大自然景致

小矢部有一間歷史悠久，創業迄今二百六十多年的知名和菓子老舖「薄冰本舖．五郎丸屋」。古意盈滿的傳統建築裡，賣的雖然是和菓子，卻非印象中的傳統日式甜點。五郎丸屋的招牌名物是一九五二年誕生的「薄冰」。問世的時間縱使久遠，但近年來啓用在地的設計師，爲產品與包裝重新打造出極具設計感的模樣，呈現傳統與新意結合的美學。

取名爲「薄冰」的意象，來自於北陸的大自然景致，只要看見和觸摸到菓子「薄冰」後，便能理解這個美麗的名字恰如其分。入口以後，不要立即咀嚼。含著甜點，在舌頭上慢慢融化，在纖細口感中，口味漸次蔓延。

從抹茶、柚子到加賀棒茶等多種口味，豐富了薄冰的滋味。配著熱茶，我靜靜試吃著每一種薄片。心想，如果自然美景能夠品嘗的話，應該就是這股感覺。就這樣，富山西部的好山好水，都在嘴裡，緩緩地，化成了甜美的詩篇。

INFO

小矢部市官網 富山白拉麵
WEB www.city.oyabe.toyama.jp/oyabe.brand/item/1001526.html

薄冰本舖．五郎丸屋
ADD 富山縣小矢部市中央町5-5
TIME 9:00-18:00（週日至17:00）
週一公休
WEB goromaruya.com

（右）從抹茶、柚子到加賀棒茶等多種口味，豐富了菓子「薄冰」的滋味。

多看一點點

More to See

快閃富山市

搭富山市電路面遊透透

富山城／西町大喜／富山市玻璃美術館

買張一日券，就只搭環狀線繞市區

也能抵達想去的地方。

哈囉你好，富山市！

在未到訪過富山以前，我對於這座城市的第一印象，就是有著縱橫四方的路面電車。路面電車在富山暱稱爲「市電」，富山縣沒有地下鐵，當地居民日常最主要使用的大眾運輸工具，是跟汽車共用同一面道路的市電。市電比公車還方便，所以若到當地遊玩，好好熟悉與利用市電，就能展開一趟富山市區的快閃之旅。

● 富山市電——走到東京只要一百五十步？哪裡都能走，哪裡都能到

抵達JR富山站，看見市電軌道延伸至JR車站的收票入口前。從市電的月台一下車，不用走幾步路，就可立刻刷卡進JR車站轉搭電車。自從北陸新幹線開通以後，富山跟東京的距離忽然拉近許多。

爲了吸引富山居民去東京旅遊，鐵道公司在市電車廂內做了廣告，海報上醒目地寫著「走到東京只要一百五十步」。意思是從市電下車後，走進開往東京方向的JR新幹線月台，只要徒步一百五十步的距離而已，一下子就能「抵達」東京。雖然明明還要好幾個小時才能到東京，但誇飾的廣告標語令人感到趣味。

這股「哪裡都能走，哪裡都能到」的思維，足以顯見，富山人對於市電的情感有多深吧。

為了樹立富山是「玻璃之城」的形象
蓋出「TOYAMA KIRARI」。

● 富山市玻璃美術館——全都為了隈研吾！

離開「富山城」以後，繼續跳上富山市電，搖搖晃晃經過兩三站以後，很快就來到了不遠處的「富山市玻璃美術館」站。這裡是我這趟快閃富山小旅行的行程中，最重要的一個景點。原因無他，全都是爲了隈研吾的關係。

富山市玻璃美術館，同時也是富山市圖書館，由設計二〇二〇東京奧運會主場館的日本建築名家隈研吾所打造而成。一直耳聞隈研吾的這座建築作品，此日終於有機會到訪富山，縱使時間緊迫，也非得在快閃的行程中特地前往朝聖不可。

對於富山當地人來說，恐怕很難想像外國旅客來到富山市區，最想去的地方居然不是什麼名勝古蹟？然而旅行不正是如此嗎？旅程中，只要是心儀許久的目標，縱使他人無法理解也無妨，去成了，異鄉的地圖才會成爲自己回憶中的收納。

富山縣以玻璃工藝職人的技術聞名，爲了樹立富山是「玻璃之城」的形象，蓋出這樣的一座大樓，命名爲「TOYAMA KIRARI」。在對外開放的六層樓之中，圖書館和玻璃美術館的展示空間，在各個樓層中融合混搭。

由內而外的視覺環景

對我來說，大樓從外觀到內在，都是視覺的饗宴。外觀部分，隈研吾以御影花崗岩、玻璃和鋁等不同建材組合

在對外開放的六層樓之中

圖書館和玻璃美術館的展示空間，在各個樓層中融合混搭。

使用，在日光藍天的映射中，呈現出巒峰疊嶂的景象。一踏進室內，隈研吾便以擅長的建材讓木條彼此交錯，營造出的視覺效果，劃破了空間的限制性，突圍而出一片極具魄力，且充滿層次感的碩大場域。內部巨大的環景空間，使用的木材來自於富山產杉木，片片疊合出有如百葉窗的層次感，室外的燦爛陽光就從這些縫隙中篩落而進，因自然光的照耀而感到生氣蓬勃。

在「富山市玻璃美術館」部分，展示著從富山在地作家到國內外藝術家的現代玻璃藝術作品，不只有常設的玻璃展，特展空間也展示其他形式的藝術作品。美術館的企劃主題展間集中在三樓，常設展示間則在四樓，五樓和六樓則有更大的美術館展場。二樓的美術館商店可買到館內的紀念商品，當然也有富山市職人與日本各地工藝達人的精緻玻璃設計小物。

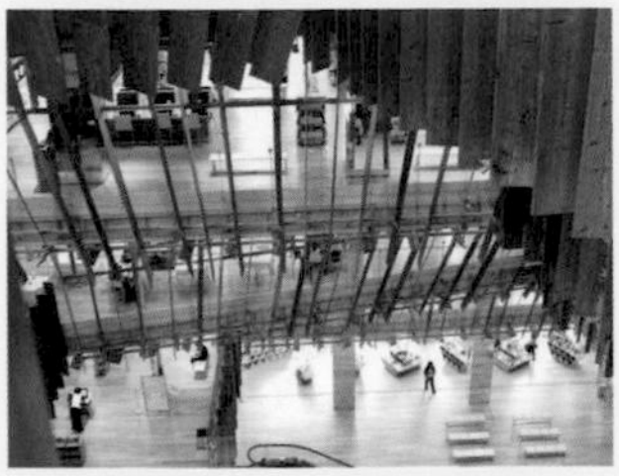

圖書館以白色管狀勾勒而出的指標字體充滿設計感

與市民對話的空間

在「富山市圖書館」部分則是培養當地市民借書與閱讀習慣的地方。兩者合而爲一的空間，讓「TOYAMA KIRARI」成爲市民體驗藝術和閱讀的交流空間。

圖書館空間可自由進出，即使沒有圖書證也沒問題，雖然不能借書，但可以拿著喜歡的書刊在館內閱讀。館內設置許多可供閱讀的桌椅，平日午後，總是成爲當地學生們在下課後的自習場所。另外，二樓美術館商店旁的公共空間是市民的休憩場域，環狀落地窗搭配潔白桌椅與杉木地板，相互協調著，窗明几淨好心情。

我尤其熱愛整個市圖中「標示」的立體字型設計。包括一樓入口處的大樓名稱、男女廁所、飲水機的指標、樓層指標，還有最重要的書架分類（如雜誌、視聽覺、情報檢索等）標示，全以白色管狀勾勒而出的字體充滿設計感，同時一目了然。這樣的標示設計，出現在身兼美術館的圖書館內，更是相得益彰，彷彿指標本身也都是美術展覽作品。

紙張來自於樹木，樹木與玻璃兩種看似毫無關係的質材，在隈研吾和富山市的巧思中聚合在一起。三種看似毫無關係的媒介，玻璃、杉木和紙本書籍，透過「TOYAMA KIRARI」這個平台，最後在「人」的加入與活動中，完成了神秘的對話。

二樓美術館商店旁的公共空間是休憩場域。

INFO

富山市玻璃美術館

ADD 富山縣富山市西町5-1
TIME
週一至四、日：9:30-18:00
週五、六：9:30-20:00
公休：每月第一個和第三個週三
WEB toyama-glass-art-museum.jp

INFO

西町大喜 西町本店

ADD 富山縣富山市太田口通1-1-7
TIME 11:00-20:00
WEB nisicho-taiki.com/index.html

INFO

富山城（富山市郷土博物館）

ADD 富山縣富山市本丸1-62（富山城址公園內）
TIME 9:00-17:00（最後入館16:30）
WEB www.city.toyama.toyama.jp/etc/muse/

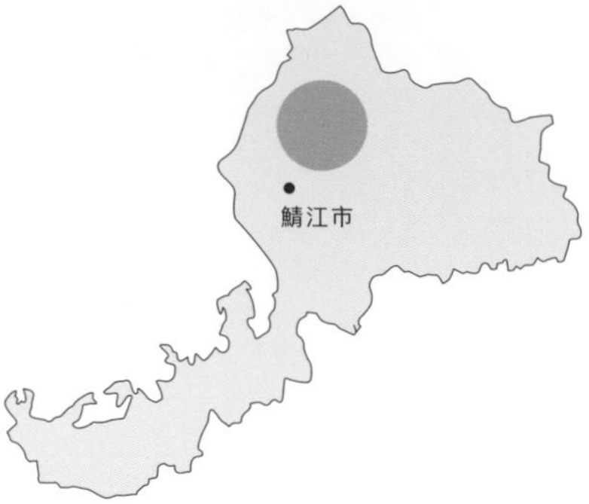

FUKUI

FUKUI SHI
福井市

福井縣

電車迷、能量迷、眼鏡迷
必訪聖地！

福井是日本最早發現，且擁有最多恐龍化石的地方，是福井招攬觀光客的賣點。可是，如果像我，實在不想跟恐龍裝熟的話，不如就來規劃一次以搭路面電車與散步為主的「福井一日遊」吧。

オーオカ薬局
Eco Life Plaza
Kid's Globe
OMORI
DENTIST
ワンマン

福井駅経由
普通 田原町
ワンマン

1 福井鐵道：鐵道迷必訪、必搭乘的電車

在福井市內行走的路面電車「福井鐵道」對鐵道迷來說，是全日本必訪、必搭乘的電車之一，電車以「恐龍廣場」爲起點出發，在搭乘電車之前，不妨先來這裡逛逛，除了能看到恐龍足跡的化石，還能買到紀念品。在福井的電車路線中，又以「福武線」最爲特別，福武線是從福井市的田原町站，到越前市的越前站。這條路線近年來頗受鐵道迷的關注原因，是由於福井鐵道福武線行駛的電車車廂，據說是日本各地的路面電車中，種類最豐富的一條線路。從老派懷舊風溢滿的電車車廂，到新式輕軌車廂，各種型號，可一次滿足電車迷的蒐集欲。

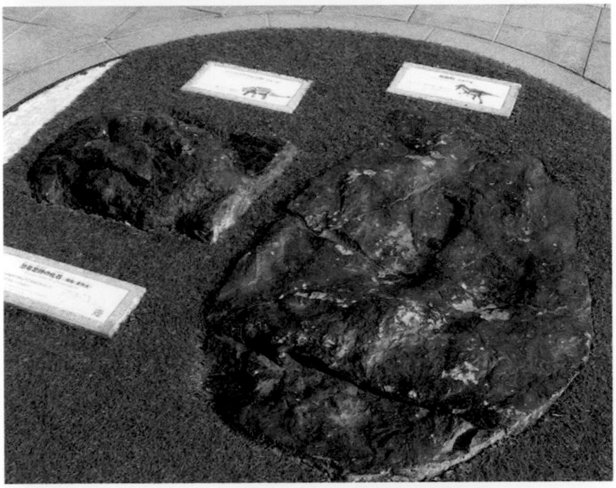

（上、中）電車以「恐龍廣場」為起點出發，這裡除了能看到恐龍足跡的化石，還能買到紀念品；（下、右）福井鐵道福武線行駛的電車車廂，從老派懷舊風到新式輕軌車廂皆有，可一次滿足電車迷。

2 神社健行：消災祈福能量滿喫

在路面電車「足羽山公園口」站下車處，即可看見街道對面有一座石製鳥居，那便是號稱能除去身邊所有邪氣，福井市最強能量「毛谷黑龍神社」的入口了。

號稱全福井最強的能量聖地，去除晦氣的「毛谷黑龍神社」想當然耳是當地人最常前往祈福的神社，以「黑龍桑」暱稱此地，可見親近程度。

毛谷黑龍神社 福井最強的能量聖地

毛谷黑龍神社據聞是從日本的平安時代繼體天皇在位時，為了黑龍川（九頭龍川）治水和祈禱國運昌隆而創建的。在古書《繪圖記》中曾記載，傳說中在天地開啓之際，在日本國土的東西南北，各有四大神明守護著國土。這四方位的神明分別是東方的常陸鹿島大明神、西方的安藝嚴島大明神、南方的紀伊熊野大明神，以及北方的越前黑龍大明神。毛谷黑龍神社，正是鎮守北方的大神。現在知道這裡為何被視為超強

毛谷黑龍神社占地不大，充滿古意的正殿建築風格十分典雅。

摸這小龍（蛇）幸福石，據說可帶來一整年無病無災。

的能量聖地了吧？原來自古以來，就是日本四大明神之一。因此不只是當地人視爲要地，甚至還吸引許多自全日本各地的「神社迷」特地前往朝聖。

毛谷黑龍神社占地不大，充滿古意的正殿建築風格十分典雅，契合著境內的幽靜氣氛。若逢初春四月，櫻花繁開之際，更是和風滿溢。這座神社對於擺脫厄運晦氣、教育親子、懷孕和安產祈願，傳聞特別靈驗。

足羽神社 福井市民最佳賞櫻勝地

離開毛谷黑龍神社，順著一旁的小路，是一條隸屬於「足羽山公園」的登山健行步道。從這裡沿著一條「繡球花（紫陽花）步道」爬山，一直走，會抵達一座名爲「足羽山公園遊園地」的地方，設有野外嬉遊運動器材，還有一間迷你動物園。

若恰逢六月繡球花開花季節，那麼就非去不可。爲的不是遊樂場，而是行走於繡球花步道。沒有繡球花可看，那麼就拐著彎，往半山腰上的另一座神社前進吧。

除了毛谷黑龍神社外，這裡還有另外一座名爲「足羽神社」的地方也值得一看。足羽神社內有一株樹齡高達三百五十年的垂櫻，被列爲福井市第二號天然紀念物。每當櫻花季節來臨時，與整座足羽山公園內多達約三千五百株的櫻花齊開，場面浩大，成爲福井市民最佳賞櫻勝地。

INFO

毛谷黑龍神社
ADD 福井縣福井市毛矢 3-8-1
WEB www.kurotatu-jinja.jp

足羽神社
ADD 福井縣福井市足羽 1-8-25
WEB www.asuwajinja.jp

沿著「足羽山公園」的登山健行步道，可前往半山腰上的足羽神社。

3 愛宕坂、百坂：一百二十段石階步道散策

通往足羽神社，除了毛谷黑龍神社之間的登山步道以外，其實有一條正式的石階步道，是從山下的馬路入口出發的。那條約一百二十段石階的步道，有「愛宕坂」和「百坂」兩條路，階梯所鋪設的石頭採自於足羽山的「笏谷石」，沿途民宅在門外種滿植物，隨四季更迭而有迥異的景致。途中，還有「橘曙覧記念文學館」與「福井市愛宕坂茶道美術館」可見習參觀。

這幾年，日本很流行標示哪些地方是Power Spot，可能有些人會認爲太怪力亂神？其實對我來說，這些所謂的能量聖地，倒不必非得用宗教或迷信的角度來看，輕鬆一點，就當作是旅遊行程的路線之一也未嘗不可。那尋訪目的地的過程，其實與宗教無關，是一種環境與人間互動的諧和。

因爲這些能量聖地，大多位於綠意盎然之處。環境清幽，建築美麗，就像是「毛谷黑龍神社」和「足羽神社」亦是如此，是城市裡難得的靜謐境地。當我越過鳥居，拾階而上走進神社境地裡時，整個人早就被四周風情而感染了，情緒自然而然地沉澱下來。那一刻，不必靠什麼外力，我已神清氣爽起來。

拾階而上，整個人早就被四周風情而感染了，不必靠什麼外力，我已神清氣爽起來。

階梯所鋪設的石頭採自於足羽山的「笏谷石」。

途中有「橘曙覧記念文學館」與「福井市愛宕坂茶道美術館」可參觀。

4 su-mu café：GALLERIA元町商店街的年輕氛圍

如果吃不下飯，那麼就回福井市區找間咖啡館坐坐也不錯。福井站前有一條「GALLERIA元町」（ガレリア元町）商店街，其中有一間很受到當地年輕人歡迎的咖啡館「su-mu cafe」是我推薦的好選擇。

坐進寬敞高挑的空間裡，來份下午茶，美味手沖咖啡搭配招牌起司蛋糕，犒賞自己這趟時間凝縮卻內容豐盛的福井一日遊。

咖啡館裡客人三三兩兩，與悠閒的氣氛恰恰合拍。落地窗前的吧檯式座位上，坐著兩個用餐的年輕男孩，他們低聲地聊著天，而在他們的面前，玻璃窗外的廣場上，則聚集著幾個玩要滑板的另一些男孩。

一靜一動，在斜陽中，譜出一段青春的二重奏。我開始擔心，介入這片風景的異鄉人，是否會拉低了這首高昂的樂曲？

（右）福井站前的「GALLERIA元町」商店街。
（左）坐進寬敞高挑的空間裡，來份下午茶，美味手沖咖啡搭配招牌起司蛋糕。

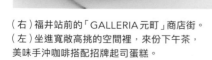

「格里菲斯紀念館」是美國人格里菲斯在這裡任職教師時的住宅，老舊的洋房經過福井市的考證後復原。

5 格里菲斯紀念館：小巷間的異人館

從通向足羽神社的「愛宕坂」步下足羽山以後，回程選擇以徒步替代路面電車，因爲希望可以藉此穿梭在更多小巷之間，感受更多的福井住宅區的日常生活。

跨橋，越過足羽川，繼續往前行走不久後，會在一個路衝看見一幢外觀非常美麗的木造洋房。同樣造型的屋子，若你曾去過函館、神戶或橫濱元町的話，一定覺得眼熟。原來，這一帶在明治年代初期，也和上述那幾個城市一樣，曾是洋人渡海而來至此定居的區域。因此在這幢洋房不遠處，還能找到「異人館跡」的紀念石碑。可惜當時的房子都已消逝，如今只剩下這幢名爲「格里菲斯紀念館」（グリフィス記念館）被修復保存下來。

「格里菲斯紀念館」是美國人格里菲斯（一八四三—一九二八）在這裡任職教師時的住宅。原本不敵時間摧殘已顯老朽，所幸經過福井市的考證後復原，如今作爲紀念館，讓福井市民透過一個曾經深愛過這片土地的外國人，回顧過往的流金歲月。

INFO

格里菲斯紀念館
ADD 福井縣福井市中央 3-5-4
TIME 10:00-19:00(12 月 1 日 -2 月底至 18:00）
最後入館時間為閉館前 30 分
WEB www.fukui-rekimachi.jp/griffis/index.html

su-mu café
ADD 福井縣福井市中央 1-10-22
TIME 11:00-16:30（週六、日、國定假日至 17:30）
公休日：每週二
WEB www.sumu-fukuiekimae.com/

一邊散步，一邊隨處發現各種以眼鏡為形的物件，
就像是一趟收服各種眼鏡的寶可夢之旅。

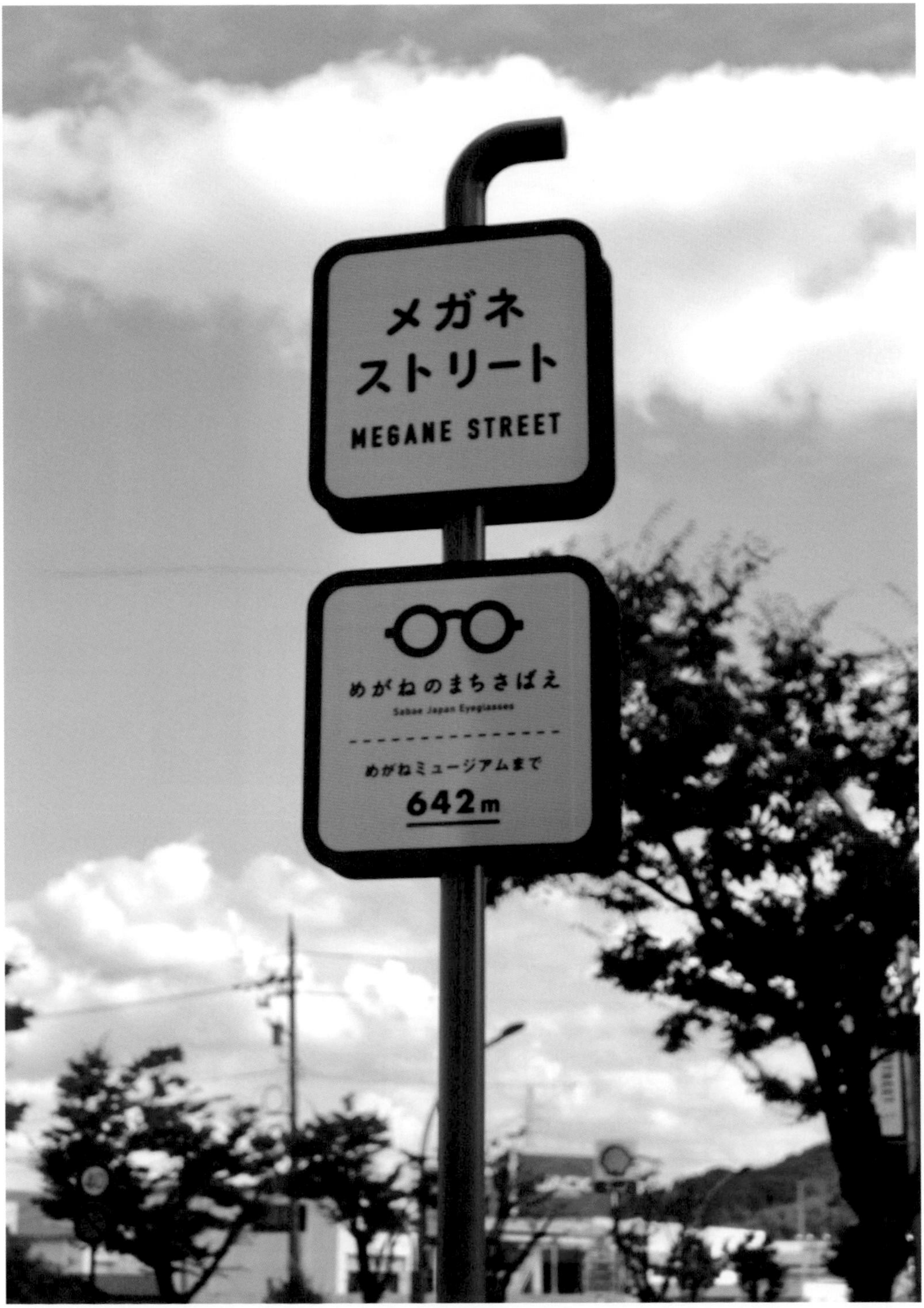
メガネ
ストリート
MEGANE STREET
めがねのまちさばえ
Sabae Japan Eyeglasses
めがねミュージアムまで
642m

塑膠鏡框與金屬鏡框，製作的方式有所不同。

Photo by 鯖江市役所産業環境部商工政策課

職人一
增永 誠：眼鏡是一件活的東西

「在這個什麼都要數位化風潮的年代，人的基本面還是非科技的。像是眼鏡，一整天下來，必須戴在臉上好幾個小時的東西。長時間佩戴，不能不舒服是大前提。從使用天然素材的材料製作鏡框開始，到使用的人戴上爲止，眼鏡職人所經手的是一件『活』的事情。經過人的手，帶著暖意的，一件件仔細地完成。這便是我所謂眼鏡還是一件非科技商品的意思。」

增永 誠　株式會社MAKOTO眼鏡｜ MAKOTO眼鏡會長·工廠管理·鏡框製作職人，為鯖江眼鏡工業創始者增永五左衛門之嫡孫。

職人二
服部 勳：要抓出客人沒有說出口的想法

「在眼鏡製作中擔任的角色，我主要是負責做金屬眼鏡的鏡框和製作時要用到的金屬輔助工具，同時也生產金屬鏡框上用到的材料。說到製作客製化的金屬鏡框時，並不是一開始都有設計草圖的。客人只會先簡單地畫一下，說『我想要做這樣的眼鏡！』於是，從這裡才開始思考，如果是要做出這樣的眼鏡外型，有沒有可能？應該怎麼去做？有時候也有客人沒有草圖的想法，只是拿著塑膠鏡框來，就說希望做出金屬鏡框版的狀況。」

服部 勳　有限會社服部製作所｜社長·金屬鏡框職人

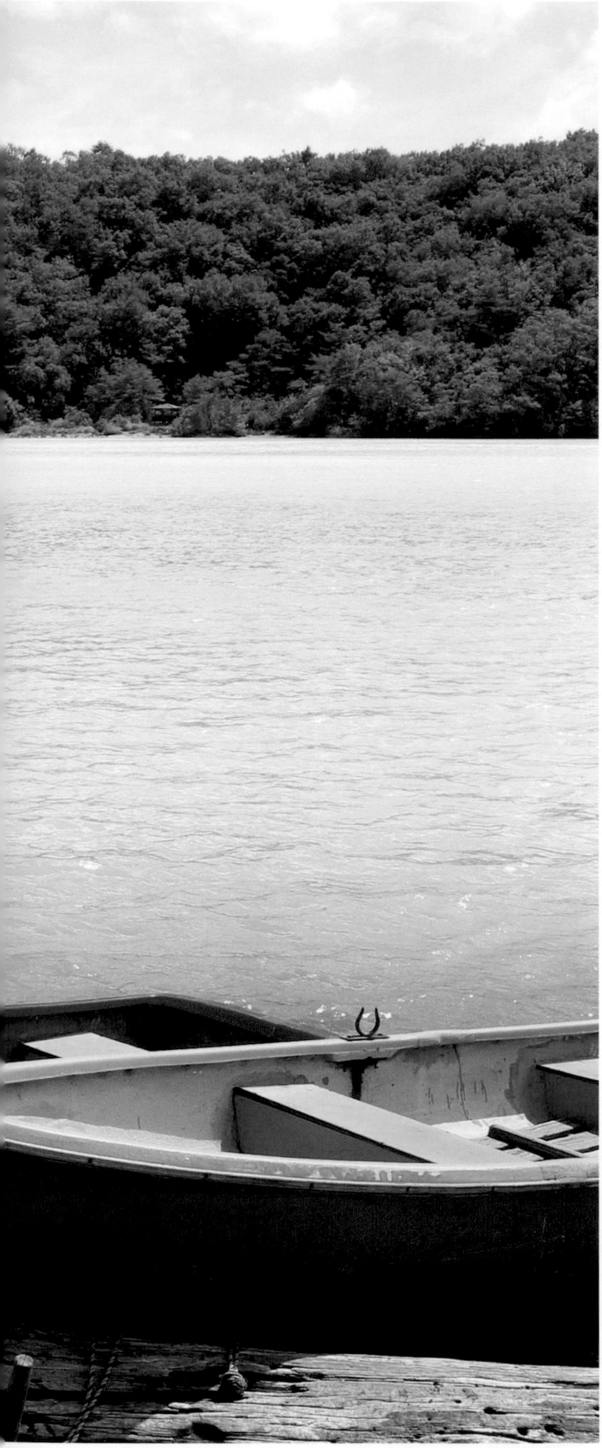

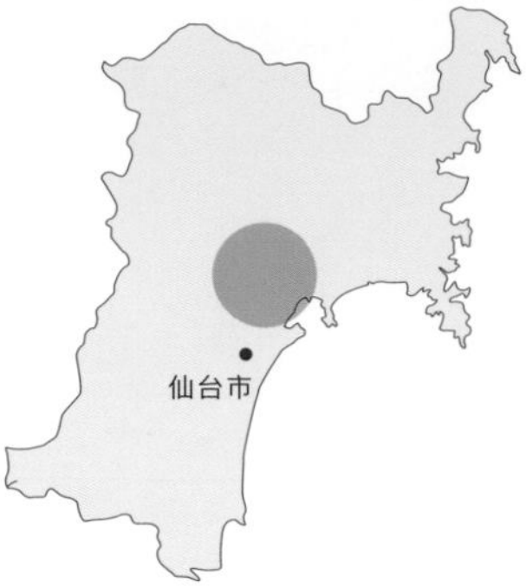

MIYAGI

NARUKO ONSEN
鳴子溫泉

宮 城 縣

深山秘湯
雋永的東北氣質

許多溫泉愛好者心中的「秘湯」都藏於鳴子，旅程美景，熟成好酒相伴，上了柔焦的人生，處處都是美好的溫柔。

1 田中酒造：放音樂給酒聽的「眞鶴」產地

這一天，我來到了釀造出「眞鶴」這個品牌的田中酒造店。創業於一七八九年的田中酒造店，稱爲老舗自然當之無愧。在老舗的釀酒工廠裡，對於酒本身，卻有著很新潮的態度。

酒窖中恆常流放著音樂。很直覺的認爲是給酒廠員工聽的，得到的答案卻是：「放給酒聽的。」再追問，是哪裡挑選而來的音樂？答案更驚人：「不是挑選的，而是爲這些酒特別製作的原創音樂。」

這不是放感情，還有什麼才是呢？田中酒造店愛酒，相信酒桶中的酒也是有感覺的。一邊聆聽音樂，一邊等候熟成，味道也會變得更醇美。感情用事很動人，不過，釀酒還是仰賴專業技術的。酒廠中，置酒的酒窖土造建築，迄今已有兩百年歷史，具有隔熱和防火的效用；酒怕鐵，故在酒桶的設計上也特別注重防鏽與防水。

傳統的手工製酒，出發點仍是人。田中酒造店在發酵釀酒原料的米時，全部採用手作業，除了力道的控制外，發酵房的濕度和溫度也嚴格把關。畢竟，每一個細節都會影響酒的品質。

酒廠門前常會看見掛上用植物編織而成的球，名爲「杉玉」（すぎたま），田中酒造店也不例外。原來這杉玉該是草綠色的，在每年製作新酒之初就會掛上去，宣告開始製酒。到了十月初秋，顏色由綠轉褐，恰逢酒熟成之際，也就是酒最好喝的時節，若在此時到訪，記得多帶幾瓶酒，才是行家。

旅程美景，熟成好酒相伴，上了柔焦的人生，處處都是美好的溫柔。

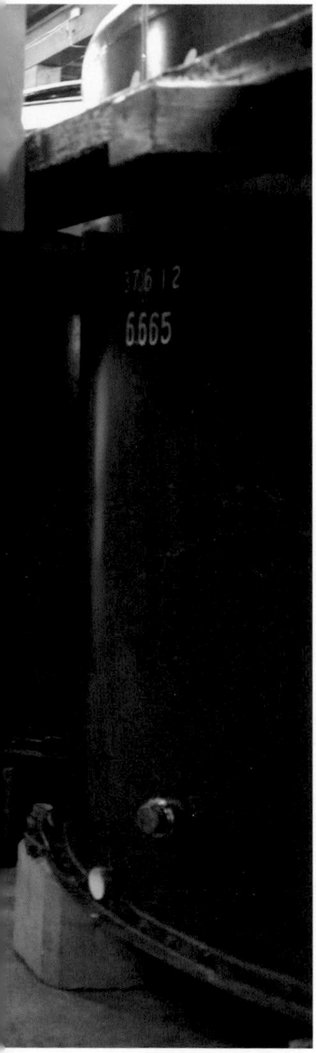

（右）當掛在門前的「杉玉」顏色由綠轉褐，就是酒最好喝的時節。
（中）從製酒到包裝都是純手工，掌控每一個細節。
（左）聆聽音樂而熟成的清酒真鶴，味道醇美。

INFO

田中酒造店

ADD 宮城縣加美郡加美町字西町 88-1
TIME 8:00-17:00
週日、國定假日、每月第 2 與第 3 個週六公休
WEB www.manatsuru.co.jp/

置酒的酒窖土造建築，
迄今已有兩百年歷史。

2 鳴子溫泉：私心秘湯首選

到訪鳴子溫泉鄉的這天午後，天候欠佳，綿綿細雨忽地轉為大雨，氣溫也驟降。要是在別的觀光景點的話，恐怕會覺得掃興吧？可是山中的溫泉街，似乎來一點雨也不壞。雨腳擋人，乾脆就暫歇一下，找間大眾溫泉池暖身吧！

鳴子溫泉最出名的兩間大眾溫泉池，是瀧之湯（滝の湯）和早稻田棧敷湯。瀧之湯算是這裡最古老的浴場之一，溫泉的酸性和溫度都特別高；早稻田棧敷湯則是在一九四八年，由早稻田大學工學部學生挖掘而出，故得此名。

大沼旅館，深藏著山中秘湯路

想要悠閒地放鬆身心，光泡大眾湯必然是不夠的。留宿一晚，鳴子固然有眾多的溫泉鄉可任君選擇，但最私心推薦的，是大沼旅館。

原因是大沼旅館有兩個獨有的特色：一是擁有入住者才能獨享的山中秘湯「母里之湯」；二是在山中有傳統茶室「綠清庵」，可體驗極為正式的茶道文化。兩者都是要在入住時事先預

1

約，由旅店老闆驅車領你前往。

喝茶爲何不就在旅館裡進行就罷？還要大老遠再開車跑到旅館的後山？等到身處於山中茶室，與茶道師傅委身在促狹的空間中，才明白其用意。無法一次容納太多茶客的空間，再加上茶屋外四周空曠，只有山林和雨聲之際，才更能拋開雜念，靜心茗茶。

而旅館秘湯更是一絕。我從未住過一間溫泉旅館，是在館內已經擁有許多溫泉浴池了，但竟然還闢有秘湯，就藏在離旅館一段距離的半山腰上。客人事先登記泡湯時段後，老闆便會開車載你到山中的小湯屋，時間到了，再來接你返程。

在半開放式的湯屋中泡溫泉，聆聽雨聲，凝視綠林，與大自然的零距離。視線在氤氳的熱氣中逐漸模糊了，身心卻在此刻徹底遼闊。

INFO

溫泉旅館 大沼

ADD 宮城縣大崎市鳴子溫泉字赤湯34

WEB www.ohnuma.co.jp

1「母里之湯」藏在離旅館一段距離的半山腰上。

2 身處於山中茶室「綠清庵」，拋開雜念，靜心茗茶。

3 竭誠迎客的大沼旅館女將。

4 泡湯之後的美食，加倍療癒身心。

3

4

2

3 櫻井木芥子：鳴子木工，人偶製作體驗

木製小人偶「木芥子」（こけし）是宮城縣的特色工藝品。其實，木芥子不專屬於宮城縣，在東北的其他地方也有製作這項工藝品的傳統，不過以發展系統和數量來說，宮城縣算是最多，共佔了五大系統，分別是鳴子木芥子、遠刈田木芥子、彌治郎木芥子、作並木芥子和肘折木芥子。其中，鳴子木芥子最爲出名。連鳴子郵局前的郵筒，都是木芥子造型，可見鳴子早已成爲木芥子的代名詞。

來到鳴子溫泉鄉的櫻井木芥子（こけし桜井），可以買到各式各樣的木芥子，最有趣的是還能參與親手製作木芥子的體驗教室。別以爲很簡單。只是色塊的塗抹嗎？實際上因爲木頭容易吸水和暈散，只要墨水濃淡稍微沒掌握好，就可能毀了你的木芥子。

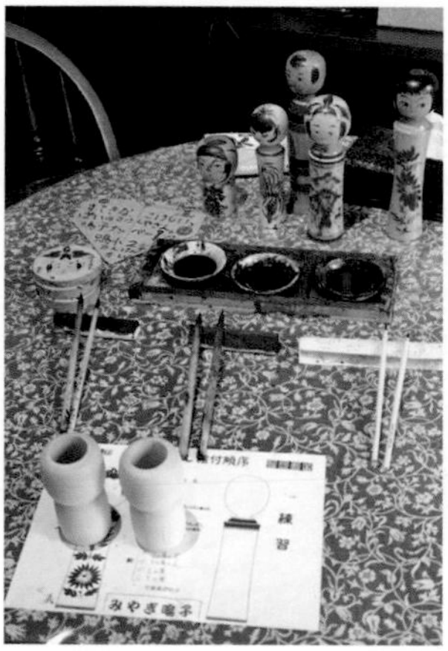

親手體驗製作木芥子，我的木芥子頭髮畫得有型，黝黑濃密。

與我一起繪製的朋友，墨水沾多了，木芥子的雙眼因此哭得好慘。至於我的木芥子嘛，也像是眼線沒畫好，妝都糊了的可憐模樣。不過，頭髮倒是畫得有型，很黝黑濃密。大概因爲自己也常自助染髮的緣故吧，經驗豐富！

每一個木芥子都是手工繪製而成的，因此在細部的表現，以及呈現出來的臉部表情各有不同，都很獨一無二。買一個別人沒有的木芥子款式，不如自己做一個木芥子吧！再醜，也是自己專屬的孩子嘛。

鳴子溫泉鄉的櫻井木芥子，可以買到各式各樣的木芥子。

INFO

櫻井木芥子（こけし桜井）

ADD 宮城縣大崎市鳴子溫泉字湯元26-6

TIME 10:00-17:30（週六、日、國定假日 9:30-17:30）不定休

※體驗製作從9:00開始接受報名

WEB www.sakuraikokeshiten.com

鳴子郵局前的
木芥子造型郵筒。

從遊客中心旁的「見晴台」（眺望台）欣賞大谷川流過的險峻峽谷，新綠或紅葉，及橫跨山中的鐵道風情。

4 鳴子峽：漫步山林窺見「奧之細道」

來到宮城縣大崎市的鳴子，除了山中溫泉外，得以盡享自然山景的鳴子峽也不容錯過。秋天賞紅葉，是此處人氣絕頂的觀光時節。但即使時節並非深秋，也值得一訪。因爲散步在綠葉扶疏，空氣清新的山林步道中，心情舒爽的自在感，無論有無紅葉，都是一種珍貴的獲得。

鳴子峽共有兩條步道，分別是鳴子峽遊步道和大深澤遊步道。鳴子峽遊步道（鳴子側入口～中山平側入口）現因工程而關閉中，山林散步可往魅力不減的大深澤遊步道。以鳴子峽遊客中心（鳴子峽レストハウス）爲起點出發，繞行一周2.2公里，徒步約50分。

別以爲是多麼艱困的登山行程，這一條遊步道其實十分平緩，幾乎就是以一種散步而非爬山的感覺即可走完。在步道的山林最深處，會與一段名爲「出羽仙台街道中山越」交會，這條路就是赫赫有名的「奧之細道」的一部分。當然，最爲著名的一景，仍是從遊客中心旁的「見晴台」（眺望台）欣賞大谷川流過的險峻峽谷，新綠或紅葉，以及橫跨在山中的鐵道風情。

清晨起來，就將鳴子峽散步當作揭開一日的序幕。身軀在大自然中獲得釋放，還嫌不夠多嗎？那麼，不如挑間山裡的寺廟體驗禪坐，把心靈也洗滌一番吧。

正座時可別睡著了，必須張著眼望向前方，但什麼事都別想。沉靜中，只意識到自己深深吐納的呼吸，心情的換氣。打禪，其實就是一種不動的精神瑜伽。

將鳴子峽散步當作揭開一日的序幕，把心靈洗滌一番。

鳴子峽共有兩條步道，入口指標十分明顯。

INFO

鳴子峽

ACCESS 從JR「古川」站搭乘陸羽東線至「鳴子溫泉」站下車，換搭鳴子峽臨時巴士或計程車約10分可抵達。

5 潟沼湖：恍如仙境的湛藍湖水

從鳴子溫泉站出發，徒步約34分或車程僅6分左右，有一個知名度不如鳴子峽，但在我看來，其無敵美景絕對不輸給（甚至可能超越）鳴子峽的地方。這裡是一座火口湖，名爲潟沼。

潟沼是預期外的震撼美景。潟沼爲鳴子火山的火口湖，也是一座堰塞湖，周圍被胡桃岳、松峰、鳥谷森所環繞，周長約一點三公里。由於湖底不斷的湧出熱泉和水蒸氣，因此整座湖泊等於就像是一個大溫泉。強酸性的水質，加上湖底的折射，讓整座潟沼的湖水，呈現出一片湛藍中又帶著淡淡乳白色的夢幻色調。

一旁的食堂提供出租划槳獨木舟。兩、三人同舟，可越到對岸散步。若逢天晴好時節，絕對要一試。當船舟停在潟沼中央時，感受藍天、湖水和青蔥遠山的相擁，將明白遠道而來的價值。

（左）湖邊的食堂提供出租划槳獨木舟服務；（右）將船舟停在潟沼中央，感受藍天、湖水和青蔥遠山的相擁。

INFO
潟沼
WEB reurl.cc/KMll9q

6 高橋亭・深瀨餅店：鳴子溫泉的美味天婦羅與栗子糰子

鳴子溫泉鄉有不少建築古色古香的日本料理店，例如高橋亭（たかはし亭）即是代表之一。由日式木造民宅改建而成，庭園景觀環繞用餐房間，享用美食之際，也進行著一場視覺的饗宴。

午間天婦羅定食套餐份量適中，食材多來自於當地捕獲或生產。既然是溫泉鄉，餐桌上的溫泉蛋必然是不可或缺的角色。溫泉好水煮出滑口的半熟蛋，滴上一點醬油提味，清新的口感，優雅地，殘存齒間。

高橋亭的午間天婦羅定食。

到深瀨餅店享用鄉土小食。

午餐過後，散步在溫泉街上，疲憊了，或許就進大眾溫泉泡個湯吧。起身後再次出發，這時候走進「深瀨餅店」來份鄉土小食的下午茶，最是恰如其分。

深瀨的「栗子糰子」是鳴子名物。看起像是兩粒大湯圓，厚實卻柔軟彈牙的麻糬皮中，其實包裹了蒸過的栗子。

本來擔心糰子太甜，沒想到淋上了以醬油爲基底所特製的醬汁，鹹甜中和以後，是一股很有平衡感的獨特風味。

由於限量生產，且無法隔日保存，故成爲搶手的當日限定土產。

INFO

高橋亭（たかはし亭）

ADD 宮城縣大崎市鳴子温泉新屋敷121-1
TIME 午餐時段營業／週三、四公休

深瀨餅店

ADD 宮城縣大崎市鳴子温泉湯元24-2
TIME 8:00-18:00（售完為止）／不定休
WEB mochidokoro-fukase.jimdo.com

（上）高橋亭由日式木造民宅改建而成，在享用美食之際，也進行著一場視覺的饗宴。
（下）深瀨的「栗子糰子」厚實卻柔軟彈牙的麻糬皮中，包裹了蒸過的栗子。

7 鄉土料理土風里：一年只營業四到十一月的農家餐廳

若想品味鳴子當地的鄉土料理，直接深入田園餐廳是最好的選擇。鳴子溫泉山中的農家餐廳「土風里」採完全預約制，只在中午營業，且交通得靠計程車才方便抵達。看似種種的限制會讓客人卻步？但經常觀光旺季時都預約客滿。

在山丘上，盈滿著民家風情的建築中，周圍就是自家農園。使用的食材，全來自早上採收的新鮮蔬菜。

幾乎整套定食，從前菜、主餐到飯後甜點，都以溫野菜或水果爲中心，健康至極零負擔。起初懷疑不含肉類，吃得飽嗎？但還未吃完，就已經讓人感到非常飽足。

店家作息依照東北的氣候條件，大雪來了就休憩養生，只在野菜能栽培收成的四月到十一月營業。也許若有再訪鳴子溫泉的機會時，我會因爲能不能再吃到這間餐廳，作爲出發日程的決定。

（右頁）從前菜、主餐到飯後甜點，都以溫野菜或水果為中心，健康至極零負擔。
（左頁）盈滿著民家風情的建築中，周圍就是自家農園。

INFO

農家餐廳 土風里（農家レストラン 土風里）

ADD 宮城縣大崎市鳴子温泉字蓬田124
TIME 4月到11月營業。11:00-14:00（需預約）
週三、週四公休

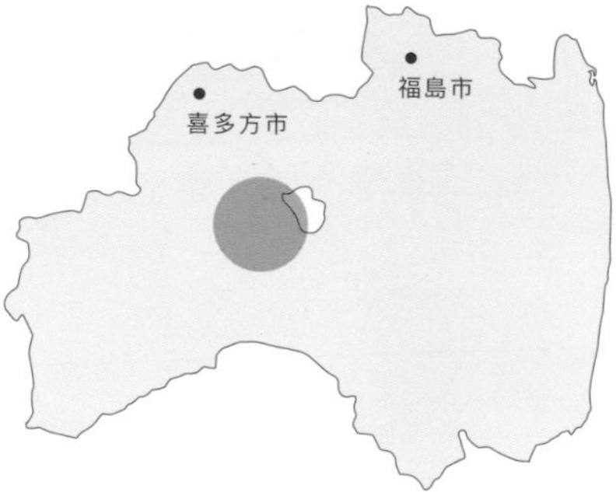

FUKUSHIMA

AIZU WAKA MATSU
會津若松

福島縣

古風散策
踏尋百年來旅人的腳步

身為旅人的我，在古風盈滿的建築所簇擁的街道裡漫步，想像當年路過的人們，與此刻的我，在重疊的步伐中，旅程的心境有何不同？

1 七日町：大正浪漫的老街散策

在福島縣的會津盆地南邊，從會津若松站沿著鐵道往南走，就在下方的不遠處，另有一站名爲七日町站。所謂的七日町，也就是從此車站幅員出去，大約前後僅有八百公尺左右的範圍。一塊看似占地不算大的區域，其實飽滿著豐富的歷史記憶。

近來以「女性爲女性釀造的日本酒」而聞名的「鶴乃江酒造」正是位於七日町，此外這一帶還有如「末廣酒造嘉永藏」等酒廠，提供工廠見習與試飲。

偏好日本下町純樸風味，同時又鍾愛老街職人店家的旅人，那麼七日町值得你到訪；（左頁）七日町的日式建築，其實不僅僅是印象中的日式木造房，還有不少大正時代留下的石造樓房。

不嗜酒也無妨，七日町通上還有一些從往日留存下來的職人工藝店、食堂、和菓子屋甚至旅店，皆是保有道地傳統和文化的據點。

我特別喜歡七日町的老建築。這裡的日式建築，其實不僅僅是印象中的日式木造房。還有不少石造樓房，是從大正年代留下來的老屋，受到當時的社會風氣影響，建築也融合著西洋風格。明治時代這裡曾因交通要道而繁榮至極，甚至在昭和年代初期，這裡還是擁有兩座電影院的娛樂城，號稱爲會津最大的商業鬧區。若曾經到訪過埼玉的小江戶川越的話，想必便略知一二。可惜後來因城市發展重心的變遷、人口外移，觀光客漸漸減少，然而物換星移，當年和洋交匯的風華證據，如今就靠著街坊上的老房子見證與守護，雖然如此，時間也還給了七日町一抹淡定靜好的表情，在這裡，能體驗的是另一種素樸風情。

如今的七日町，或許沒有太多商家，也沒有人潮如織的旅客，但更有生活感的靜謐街衢，反而讓遠道而來的我，得以享受到心情沉澱的自由自在。

INFO

七日町

ADD JR只見線「七日町」站周圍

そば
七日町
6

歯科医院
あいいろ
池田種苗店
たね
池田種苗店

或者可到旅館旁有一區專門提供戶外用餐的地方，名爲「川どこ」（kawadoko川床）餐廳。每年冬季以外的季節，旅館都會在這個沿著川畔的地方，架設戶外的用餐區。此地腹地廣大，共可容納近一百一十人。階梯式的設計讓用餐的客人，可在遼闊視野中享受川床料理。

沉浸在大自然，從白天到夜晚，不同特色的景致陪襯，讓原本就夠美味的鄉土料理，留下更多美好口感的回憶。

就算不用餐，也可來這裡晃晃。最上面設有免費的足湯，可以泡腳暖身。

旅館內每一間湯屋都有半開放式的露天風呂。

（右）戶外餐廳的川床料理。
（左）旅館內的「瀧川」餐廳，可品嘗福島會津美食。

4 大內宿：重返江戶喧鬧旅人驛站

日本有許多從往昔保留下來的「宿場」地帶，也就是我們所謂的「驛站」，是百年前在交通不若今日便利的年代，旅人於長途跋涉的移動中，必須停歇休憩的中繼站。

大內宿位於福島縣的南會津，是江戶時代從東北的福島會津出發，前往關東的日光，兩地連結的「會津西街道」（或稱下野街道）之間極爲重要的宿場町。因爲旅人在此交會與停歇，人潮聚集，繁華而起，過去即是喧鬧的街市。如今，旅人驛站的功能早已消失，木造的傳統建築有幸被完整的保留下來，成爲重要傳統建造物群保存地區。

在約四百五十公尺不算長的街道上，兩旁延展出一幢幢獨棟的木屋，它們是昔日宿場的旅店、食堂酒場和商家，現在依然繼續著商業活動，服務對象仍是旅人，只不過從暫歇再出發的過客，變成特地前來此地參訪的觀光客。

在大內宿的中央地帶有一座「大內宿街屋展示館」，在這裡透過重建再現的建築設施，可以清楚明白以前的人，如何在這樣的傳統建築中生

活。同時也能簡單明瞭的知曉，大內宿在江戶時代扮演交通要衝的重要角色。

走到街道的尾端，登上半山腰，是俯瞰大內宿街道的絕佳觀景點。木屋、路徑和人群，頓時都縮小成像是模型一般的風景，時間彷彿也暫停。

在講究盡可能縮短交通移動的時間，連昔日的遠途都可能變成一日生活圈的今天，我不禁想像往日的旅人，在緩慢的節奏中，人與人於宿場相逢，大概有更多的時間，醞釀出故事的可能性吧？

奧羽山脈的圍繞中，一處小小的盆地上，三、四百年前的旅人們在此往來，就這樣交錯並留下了，我眼前的寶藏。

INFO

大內宿
ADD 福島縣南會津郡下鄉町大字大內字山本
WEB ouchi-juku.com/index.php?

（左頁）大內宿街道上的木屋，是昔日宿場的旅店、食堂酒場和商家，如今也款待前來的旅人。
（右頁）大內宿街道不到四百五十公尺，兩旁延展出一幢幢獨棟的木屋。

在「大內宿街屋展示館」可以清楚明白以前的人，如何在這樣的傳統建築中生活。

• LITTLE NOTE •

大內宿合掌屋的秘密

秘密一 屋簷的長度、傾斜度和房屋的高度，都比合掌村的規模來得小。

來到大內宿，會有種似曾相似的熟悉感。建築和小鎮的氣氛，乍看之下與合掌村的合掌屋很類似。三角形狀的屋簷，都以茅草和木頭為建材所搭建而成，不過，屋簷的長度、傾斜度和房屋的高度，都比合掌屋的規模來得小。在屋脊的裝飾上，大內宿的花樣似乎更為華麗與繁複。例如，會發現在屋脊上鑲進畫有「水」字紋樣，原來是當地的護身符。木造建築怕火，就以此作為安宅保庇的象徵。

合掌村純粹為農村，但作為宿場機能的大內宿，從一開始就是半農半商的型態，大約也影響了建築的形式。合掌屋較為封閉，有時入口還不容易找到；大內宿的建築則多為半開放式，方便做生意。因此，直到今日，大內宿的商業觀光氣息，也比其他保存下來的傳統村落更為濃厚。

秘密二 屋脊上鑲進畫有「水」字紋樣，原來是當地的護身符。

秘密三 在屋脊的裝飾上，大內宿的花樣似乎更為華麗與繁複。

5 大蔥蕎麥麵：用蔥當筷子，邊吃邊啃的豪氣

在福島縣南會津地區的大內宿，會發現店家有志一同地幾乎都在賣蕎麥麵。顯然蕎麥麵就是這裡的象徵美食。雖然蕎麥麵在日本各地都有，但大內宿蕎麥麵最令人感到最具特色也最有趣的地方，並非在蕎麥麵本身，而是吃法很新鮮。

大內宿蕎麥麵又稱「大蔥蕎麥麵」，每一碗麵上面，都會橫放著一根完整沒切過的大蔥。當店員把蕎麥麵端上桌時，我研究了一會兒，始終不知道該怎麼「處理」這根長長的大蔥。是自己拿剪刀切成蔥末灑在麵上嗎？但桌上並沒工具！看看周遭的人，才發現竟然是用手拿起大蔥，端起碗，以「大蔥取代筷子」來吃麵！果然是名符其實的大蔥蕎麥麵呀！

附上的大蔥只有一根，當然不可能像筷子那般夾麵，得把碗端起來，碗緣就著嘴，以大蔥的根將碗裡蕎麥麵給撥進口中。吃幾口蕎麥麵以後，再直接生咬大蔥來佐味，才算道地。

然而，生吃大蔥實在夠嗆，沒幾口就已面露難色。隨行的當地人看見我的表情，被逗樂了，說：「算及格了。放下大蔥，拿筷子吃吧！」這時才注意到桌上不遠處有放筷子嘛！原來，食堂裡的每個人也都是咬了兩口蔥、臉皺成一團後，就讓大蔥躺在桌上睡，拿回筷子吃麵了。

吃幾口蕎麥麵以後，還要直接生咬大蔥來佐味，才是更道地的吃法。

INFO

大內宿三澤屋

ADD 福島縣南會津郡下郷町大内山本 26-1
TIME 9:30-16:00
週四、1/4-1/6 公休
WEB www.misawaya.jp

（左）還不到早上十一點，名店「まこと食堂」外就大排長龍。
（右）醬油基底的湯頭，比想像中更清淡爽口。

6 喜多方：從早上就開始吃的拉麵故鄉

步伐離開會津的大內宿，進入北邊的喜多方地區。對於愛吃拉麵的朋友來說，品嘗本格派的鄉土味，當然是必備行程。

早已耳聞「喜多方當地人從早餐就開始吃拉麵」的傳言，來到聚集拉麵店的街上，果然見證到還不到早上十一點，拉麵店外就大排長龍。踏進名店「まこと食堂」來一碗正宗的喜多方拉麵，醬油基底的湯頭，比想像中更清淡爽口。

對我來說，大內宿的大蔥蕎麥麵，有趣的體驗成分遠遠大於食物本身的滋味。至於喜多方拉麵，雖然在我的「拉麵品嘗史」中也或許稱不上多麼令人震撼，但仍是果腹的好選擇，吃得相當滿足。

旅行，我想有時候就是這樣的吧。當地的鄉土料理，合不合你的口味另當別論，重點是既然來了就體驗看看，記憶中都將會成為一股特殊的回味。

INFO

まこと食堂
（makoto食堂）
ADD 福島縣喜多方市字小田付道下7116
TIME 7:30-15:00（售完為止）週一公休（若遇國定假日則改次日休）
WEB www.fukulabo.net/shop/shop.shtml?s=944

7 會津大佛：鎌倉時代的木造佛像

離開喜多方往會津的路上，途經一名勝：會津大佛。

會津大佛位於願成寺內，是福島縣喜多方市的淨土宗寺院。說是大佛，但可別想像如鎌倉大佛那樣的形象，不然肯定會失望的。會津大佛其實尺寸並不大，不過卻相當具有歷史，已被指定爲國家重要文化財產。

日本鎌倉時代木造的佛像，雕刻的是如來佛，兩側則是觀音菩薩和大勢至菩薩。兩側菩薩坐的形式與京都三千院的阿彌陀三尊像相同，在東北寺院供奉的佛像來說算是稀有的風景。

INFO

願成寺

ADD 福島縣喜多方市上三宮町上三宮字籠山833

TIME 8:00-17:00
（10-3月到16:00）
＊時有更動，詳見官網／無休

WEB aizudaibutsu.com/

（上）願成寺山門；（下）會津大佛已被指定為國家重要文化財產。

8 三之倉高原向日葵花田：縱覽會津盆地風情

三之倉的向日葵花田（三ノ倉高原花畑）標高六百五十公尺，是東北地區最大的花田，在這裡可以一覽整個會津盆地。到訪的季節恰逢向日葵花開之際，走進滿山遍野號稱有兩百五十萬束的向日葵花海中，令人感覺身心療癒。

當然，這裡不僅只有向日葵而已。隨四季更迭，花季交棒，春天是油菜花田，秋天則是波斯菊，各有不同風貌。

INFO
三之倉高原向日葵花園
ADD 福島縣喜多方市熱塩加納町相田字北權現森甲857-6
TIME 9:00-17:00／無休
向日葵花季約在8月上旬至9月上旬
其他花季情報，請見以下網站
WEB www.kitakata-kanko.jp/category/detail.php?id=109

置身兩百五十萬束向日葵花海中，令人感覺身心療癒。

9 鶴城：踏尋時間的腳步

這一趟福島會津旅行，最終的壓卷抵達鶴城。

會津若松的鶴城，號稱是東日本現存規模最大的城郭。這裡原本就是日本歷史上重要據點，近年來因爲綾瀨遙主演的NHK大河劇《八重之櫻》在此取景，綾瀨遙在《八重之櫻》主演的新島八重，其一生最重要的時光都在會津若松度過，故此地成爲日劇舞台巡禮的矚目焦點。

登上天守閣，可將全城盡收眼底。

鶴城對福島會津人是極為重要的精神象徵。

最初的鶴城在距今六百多年前建造，後來因爲一六一一年的一場地震而損毀。一六二七年經過重建後，卻又在戊戌戰爭明治政府入城後，於一八七四年遭到拆毀，只留下周圍的城牆。不過因爲鶴城對福島會津人是極爲重要的精神象徵，於是在市民多方奔走和請求下，終於在一九六五年再次重建。如今，我們所看到和走進的鶴城，便是在此時復原而成的。二〇一五年造訪之際，恰逢鶴城五十復原週年紀念，處處可感受到歡慶氣氛。

• LITTLE NOTE •

新島八重，幕府末期的聖女貞德

幕府末期，新島八重站在支持幕府的立場上，對抗維新政府入城，率領了五百位女性死守會津鶴城，日後被人尊稱作「幕府末期的聖女貞德」。經過一個月的據守，犧牲了城內三千多名會津藩居民，鶴城才終於被攻破。此一分水嶺，等於宣告了幕府武士時代的結束，並正式開展明治政府年代。幕府末年發生的這場「戊辰戰爭」中，會津鶴城，留下非常重要的歷史地位。

「麟閣」茶室
保存千利休茶道文化

鶴城境內，除了復原的鶴城本丸御殿值得一看之外，還有一處名爲「麟閣」的茶室也不容錯過。一五九〇年深諳茶道的蒲生氏鄉成爲會津藩主，他是日本茶道始祖宗師千利休的弟子之一。鶴城裡出現這座極爲正統的日本茶室，緣由即來自於此。

有趣的是，一五九一年千利休因觸犯豐臣秀吉而遭賜死，蒲生氏鄉怕罪及千利休的兒子，於是將他的小孩少庵藏到會津包庇。茶室「麟閣」便是在少庵藏於會津時，爲答謝蒲生氏鄉而替他建造的。在蒲生氏鄉的努力下，豐臣秀吉最終放過了少庵。少庵回到京都以後，其本人與子孫繼承茶道技法，京都的茶道文化自此發揚光大。

想想若當年少庵未受蒲生氏鄉保護，不僅茶室「麟閣」不會建成，就連京都茶道文化恐怕都不存在呢。

歷史總有許多千鈞一髮的微妙。向左走或向右走，在我們眼前開展的世界，一不小心就將是不同的劇本，完全迥異的上演。

INFO

鶴城
ADD 福島縣會津若松市追手町 1-1
TIME 8:30-17:00／無休
WEB www.tsurugajo.com/turugajo/shiro-top.html

茶室「麟閣」傳承京都的茶道文化。

多看一點點
More to See

東北日本酒的職人文化

「ほまれ酒造」、「鶴乃江酒造」

ほまれ酒造

●**ADD** 福島縣喜多方市松山町村松字常盤町2706 / www.aizuhomare.jp/

鶴乃江酒造

●**ADD** 福島縣會津若松市七日町2-46 / www.tsurunoe.com/

ほまれ酒造的商品進軍世界

曾獲得多次國際間酒賞的肯定。

曾幾何時，與「水」有關的兩個日文單字ONSEN（溫泉）和SAKE（日本酒），已原封不動地輸出到了歐美國家。在喜好日本文化的外國人之間，即使不懂日語的人，也可能隨口說出這兩個詞彙。

溫泉和日本酒，其實本來就有英文的說法，爲什麼要特別用日文發音來表現呢？曾經問過身邊的歐美友人，大家異口同聲地認爲Hot Spring其實全世界都有，但只有說ONSEN的時候，才能凸顯日本獨有的溫泉風情與文化。

至於日本酒那更是如此了。說Japanese Rice Wine就像是走味的酒一樣，怎麼樣也無法忠實傳遞日本酒的形象。唯有直接念出「SAKE」時才有感覺。更重要的是，SAKE還能直接聯想到，釀造日本酒幕後的傳統技術與祖傳的職人文化。

這趟東北旅程的同行者之一，來自北美的朋友正是如此認爲的。東京人這幾年流行起喝紅酒，但在歐美則有一群日本料理饕客則迷上了日本酒。

過去我對東北日本酒的印象，多半來自於宮城縣，這一回，踏進福島以後，才知道有許多耳聞已久的酒牌與釀酒廠，原來都出自於這一帶。於是乎自然不能錯過在福島的酒廠見習了。

即使在機械化的年代中
仍必須仰賴專釀酒師傅的專業經驗。

上撰本釀造酒「會津ほまれ」

位於福島喜多方的「ほまれ酒造」（HOMARE）創業於一九一八年，相較於其他福島的釀酒廠較為年輕。但其出品的上撰本釀造酒「會津ほまれ」卻早已成為縣內誰都知道的清酒品牌，成為福島日本酒的代表之一。

參觀酒廠時，當今四代目社長唐橋裕幸先生親自接待，為我們解說職人釀酒的種種細節與過程。在英文非常優秀的社長領軍之下，ほまれ酒造的商品進軍世界，曾獲得多次國際間酒賞的肯定。

「酒廠釀酒最關鍵的是洗米和浸漬等原料處理的過程。因為每一年，米的狀況可能都有差別，因此如何調整水量比例等細節，即使在機械化的年代中，仍必須仰賴專釀酒師傅的專業經驗。」唐橋裕幸說。

女性為女性釀造的日本酒「ゆり」

又往會津若松市移動，再訪另一釀酒廠，名為「鶴乃江酒造」。這裡的名酒是純米大吟釀「會津中將」。然而近年來更受媒體矚目的，是由七代目林平八郎社長的長女所命名的「ゆり」（YURI）。

東京農大釀造學科畢業後的YURI取得了酒造技能士的資格，衣錦還鄉創造出「女性為女性釀造的日本酒」而聞名。

現代化的釀酒，仍流動著濃郁的人文風情。

職人的手感技術也好，傳統酒窖的建造用意，無論是ほまれ酒造或鶴乃江酒造，總讓人感覺在現代化的釀酒工廠中，仍流動著濃郁的人文風情。

偶然間釀出了好酒或許常有，但對釀酒廠而言最困難之處是如何再現並保持口感，讓那瞬間偶然乍現的美好，得以不斷地延續下去。

我聆聽著釀酒師傳說的話時，有一刻感受到釀酒的技術其實也是人與人之間相處的模式。每一種關係，如何捕抓住那乍現的美好，並且在巔峰後仍能如涓涓細流持續下去，也是最困難之處吧！

微醺後清醒，每一個步伐，仍需冷靜清晰地邁進。

「鶴乃江酒造」近年來更受媒體矚目的，是由七代目林平八郎社長的長女所命名的「ゆり」（YURI）。

日本小鎮時光（暢銷增訂版）

從尾道出發，繞行日本最愛的山城、海濱、小鎮

作者　張維中
設計　mollychang.cagw.
執行編輯　蔡曉玲
編輯協力　Stalker
責任編輯　詹雅蘭
行銷企劃　王綬晨、邱紹溢、蔡佳妘
總編輯　葛雅茜
發行人　蘇拾平
出版　原點出版 Uni-Books
Email uni-books@andbooks.com.tw
電話　（02）2718-2001
傳真　（02）2718-1258
發行　大雁文化事業股份有限公司
台北市松山區復興北路333號11樓之4
www.andbooks.com.tw
24小時傳真服務（02）2718-1258
讀者服務信箱Email andbooks@andbooks.com.tw
劃撥帳號　19983379
戶名　大雁文化事業股份有限公司
二版二刷　二〇二四年五月
ISBN　978-626-7338-05-6
ISBN　978-626-7338-06-3（EPUB）
定價　四九〇元

日本小鎮時光（暢銷增訂版）：從尾道出發，繞行日本最愛的山城、海濱、小鎮
張維中著 . -- 二版 . -- 臺北市：原點出版：大雁文化發行，
2023.06　336 面；17x23 公分
ISBN 978-626-7338-05-6（平裝）

1. 旅遊 2. 日本　731.9　112008381